VUURDUIN

EVA MEIJER

Vuurduin

Aantekeningen bij een wereld die verdwijnt

Eerste druk 2021

Vormgeving: Marc Suvaal | Productie: Lemniscaat b.v.
Omslagbeeld: © Eva Meijer
Auteursfoto: © Sebastian Steveniers
ISBN 978 90 477 134 25 (set 10ex)
ISBN 978 90 477 134 18
NUR 730

Druk- en bindwerk: Wilco, Amersfoort

www.evameijer.nl
www.maandvandefilosofie.nl
www.lemniscaat.nl

INHOUD

Inleiding

ZEEPOKKEN

Ik kan de zeepokken niet vinden.

Het is een warme zaterdagmiddag in september, ik ben net aangekomen op Vlieland en loop over de dijk langs de Waddenzee.

Vroeger kwam ik vaak op het eiland. Met mijn ouders en zusje ging ik in de herfstvakantie naar het Strandhotel of in de zomer naar camping Stortemelk. Ik ben er ook daarna nog geweest, alleen en met geliefden, maar de laatste keer is alweer bijna twintig jaar geleden.

Op Vlieland werd ik voor de eerste en enige keer in mijn leven door een bij gestoken, op het terras van het pannenkoekenrestaurant in de Dorpsstraat (ik was vijf en at een pannenkoek met krenten en rozijnen, de felle pijn verraste me),

sliep ik voor de eerste en enige keer in mijn leven een nacht op het strand,

reed ik op de IJslanders van Stal Edda over dat strand – ik hield er een liefde voor IJsland aan over,

liep hond Pika tijdens de eerste wandeling na aankomst weg, ze zal een konijn hebben gezien, het regende en waaide, ze was echt nergens te bekennen, het duurde in mijn herinnering uren maar was misschien maar tien minuten, vierde ik de millenniumwisseling met mijn familie of wat daar nog van over was,

werd ik met H. een café uitgezet omdat we elkaar kusten en de stamgasten daar aanstoot aan namen,

vond ik zeeappels en roggeneieren, zeekatrugschilden en knotswieren, die mijn zusje en ik thuis in schilderijtjes plakten.

Mijn reisgenoot is Doris, zij is wat Bibi Dumon Tak een nogal wilde hond met weinig vrienden noemt. Als je eenmaal met haar bevriend bent zorgt ze wel heel goed voor je.

Het was haar eerste keer op een veerboot, ze ging onder het tafeltje bij mijn voeten liggen. Daar staarde ze nerveus voor zich uit. Er waren meer honden mee. In de verte kermde ook af en toe een kat, bij het inschepen zag ik iemand die een kooi met een papegaai meedroeg. De bootreis was voor mij vertrouwd. De boot gaat bij het wegvaren eerst een stukje achteruit, dan vooruit, en voor het aanleggen gebeurt het omgekeerde. Ik wist niet dat ik dit nog wist, de herinnering lag blijkbaar ergens in mijn lichaam te slapen. Omdat Doris mee is kon ik niet opstaan om te kijken of de zeehondenzandbank, niet ver van de kust, er nog ligt.

Ik heb weinig plannen gemaakt voor de reis, maar het leek me goed om te beginnen met de zeepokken, die de stenen van de strekdam in de haven wit en bobbelig maakten. Als kind keek ik er lang naar terwijl we op de boot stonden te wachten, misschien omdat het van die vaste diertjes zijn, haast sculpturen.

Zeepokken zijn kreeftachtigen, ze behoren tot de rankpootkreeften, die zich na hun larvestadium allemaal ergens aan vasthechten of ingraven. Ze hechten zich aan stenen, hout of schepen, soms zelfs aan walvissen of schildpadschilden. Omdat ze houden van de afwisseling van eb en vloed, van nat en droog, zoeken ze vaak golfbrekers en getijdengebieden uit. Het lichaam van de zeepok bestaat uit zes plaatjes van kalk met een dekseltje dat open kan zodat ze hun poten naar buiten kunnen steken om plankton naar binnen te hengelen. Zeepokken zijn vrouw en man tegelijk en in de paartijd wordt hun penis zeven keer zo lang als ze zelf zijn zodat ze de naastgelegen soortgenoten kunnen bevruchten. Maar ze kunnen hun zaad ook in het water laten wegstromen, dan kunnen de zeepokken verderop het net als het plankton met hun pootjes uit het water vissen.

Het aankomstplein is vernieuwd en de zeepokken zie ik nergens. Ik kan zelfs de dam waar ze tegenaan zaten niet vinden. Misschien is het hoogwater. Mijn rugzak is zwaar, Doris vindt het te druk op het plein, dus we lopen door naar de VVV om de sleutel van ons huisje op te halen.

Voor de zekerheid zoek ik de route op, terwijl ik wel ongeveer weet waar het is. Naast de VVV omhoog het dorp in, voor de bibliotheek naar links over het fietspad en dan rechtsaf, het bos door richting de Noordzee.

In het dorp komen Doris en ik terecht in een groep jonge mannen met kano's, poloshirts en bierblikjes, zich niet bewust van de ruimte die ze innemen. Zo lopen we langs een groot hotel dat ik niet herken, een nieuw gebouw dat oud moet lijken, met in de serre een restaurant. Verder lijkt er op het eiland weinig veranderd. Maar niet alle veranderingen zijn meteen zichtbaar.

Op de boot las ik een rapport uit 2018 over de ecologische stand van zaken in het Waddengebied.[i] Daarin uiten meer dan honderd Deense, Duitse en Nederlandse onderzoekers hun zorgen. Met de zeehonden gaat het redelijk goed, maar er komen steeds minder vogels en de vissen hebben het ook zwaar. Dat komt omdat hun leefgebied door menselijke activiteit, zoals vervuiling en de klimaatcrisis, verandert. Door klimaatverandering – temperatuurstijging, waterspiegelstijging en extremer weer – dreigt het hele ecosysteem van de Wadden zelfs te verdwijnen. De wadplaten slijten langzaam uit omdat ze niet meer genoeg worden aangevuld met sediment en zullen op een gegeven moment niet meer droogvallen. Het droogvallen van de wadplaten is voor veel vogels van levensbelang. Voor ons verandert het uitzicht, maar hun leefwereld verdwijnt. Misschien is het in 2050 al zover.

Het Waddengebied is een van veel ecosystemen die veranderen en verdwijnen. De hele natuur staat onder druk. Diersoorten sterven uit, permafrost en poolkappen smelten, onze winters worden herfst.

Ik heb eigenlijk niet zoveel met de natuur. Natuur is een vaag begrip, dat zeker in Nederland, waar alles is aangelegd en wordt beheerd, vaak nogal romantisch of zelfs conservatief wordt ingevuld. Niet-menselijke dieren worden ertoe gereduceerd – alsof zij geen culturen hebben en alsof mensen niet zijn gemaakt van natuurlijk materiaal. Wat als natuurlijk gezien wordt is zelf een culturele constructie, eentje die bovendien vaak machtsverhoudingen verstevigt. Maar daar kom ik later op terug.

Ik maak me wel druk over het verdwijnen van wat natuur genoemd wordt – de levende wereld waar we met zijn allen in thuis zijn. Tegelijkertijd verdwijnt alles: familie, geliefden, huisdieren, en laat de natuurlijke wereld ons zien dat dat erbij hoort. Dat maakt het niet goed, het is nooit goed, maar het is de stof waar wij uit geweven zijn.

In wat volgt ga ik op zoek naar wat verdwijnt. Niet om in kaart te brengen wat we verliezen, maar om uit te vinden wat we ertegenover kunnen stellen. Ik doe dat op Vlieland, omdat stukjes van mijn eigen geschiedenis hier liggen en de klimaatverandering hier op de loer ligt. Bovendien is een eiland de wereld in het klein.

1. HET GELUID VAN OVERVLIEGENDE GANZEN

Doris en ik worden zondagochtend vroeg wakker – het is de onrust van de eerste nacht op een nieuwe plek, die de slaap als dun ijs makkelijk laat breken. En het huis waarin we logeren staat op palen. Er wonen dieren onder, duinkonijnen, ratten of muizen, ze scharrelen in de randen van de nacht.

Vanaf de weg is Stern, toepasselijk genoemd naar een familie bijna uitgestorven zeevogelsoorten, goed te zien. Het ligt op een duin, tussen andere duinhuizen. De donkere veranda komt me bekend voor, net als de vele hoeken en ramen. Ik stuurde mijn moeder na aankomst een foto en ze schreef terug dat zij het ook herkent. Om het huisje was het in mijn herinnering leger, de vakantiewoningen hebben zich de afgelopen twintig jaar vermenigvuldigd.

In de schemering lopen Doris en ik de helling af naar de weg. Voor het huis waakt een grote den, hij heeft iets prehistorisch, eromheen staan de duinrozen met hun roze, rode en oranje rozenbottels. Kleine vogels springen van tak naar tak, het is te donker om ze te kunnen herkennen.

Het bos is nog stil, we volgen een smal kronkelpad het halfdonker in, lopen dan over een tapijt van mos met een schuine bocht terug naar de weg. De eerste landplanten waren mossen, er zijn fossielen van levermossen gevonden van 475 miljoen jaar geleden. Mos heeft geen bladeren en geen wortels. Het gebruikt rizoïden om zich ergens aan vast te hechten, dat zijn wortelstructuren die in tegenstelling tot echte wortels geen voedingsstoffen op kunnen nemen (daar gebruiken mossen hun stengels en bladeren voor).

Kennis wordt vaak boomachtig voorgesteld, schrijven Gilles Deleuze en Felix Guattari. Als iets wat wortels heeft en chronologisch zo gegroeid is, met vertakkingen die te herleiden zijn tot een stam. Als iets met een duidelijke oorsprong. Maar zo werkt de wereld, de cultuur, het denken volgens hen niet. Ze stellen er het rizoom tegenover. Dat is net als de rizoïden van het mos een ander soort wortelstelsel, dat aan de oppervlakte blijft en verschillende beginpunten heeft. Het rizoom kan als metafoor dienen voor een nieuwe manier van denken en kennis verwerven, die niet hiërarchisch is en niet uitgaat van de universele waarheid waar de westerse filosofie op uit is. Net als een rizoom zijn fenomenen op talloze wijzen met elkaar verknoopt en te onderzoeken. Het rizoom biedt een ander soort landkaart voor het denken dan de boom.

Tegenwoordig weten we dat bomen met hun wortels en ondergrondse schimmels communiceren, dat er daar beneden ook allerlei ingangen voor gesprek zijn, en misschien kan de hoogte van een kroon ons ook wat aanreiken. Eerlijk gezegd vind ik een boom een goede metafoor voor een hoop zaken. Maar de oproep van Deleuze en Guattari om niet de hele tijd lineair en hiërarchisch te denken is evengoed belangrijk. Elk verhaal kan ook een ander beginpunt hebben en welk je kiest bepaalt waar je uitkomt.

EEN ANDER BEGINPUNT

'Gerrit is naar het ziekenhuis,' appte mijn zusje Esther op een donderdagnamiddag in december 2018. Ik belde haar op – mijn vader was met de ambulance opgehaald, wat er precies aan de hand was wist ze niet. Mijn moeder had op Esthers kinderen gepast en was onderweg naar het ziekenhuis. Olli, mijn andere hond, begreep direct dat er iets was. Hij leunde met zijn lichaam tegen me aan en drukte zijn neus in mijn handpalm.[1]

Ik fietste naar de trein, was anderhalf uur later in het ziekenhuis in Hoorn dat uitkijkt op het station. Mijn vader was flauwgevallen en had toen hij bijkwam de huisarts gebeld. Die had een ambulance gestuurd. In het ziekenhuis werd geconstateerd dat hij ernstige hartritmestoornissen had – zijn hart ging afwisselend veel te snel en veel te langzaam. Hij lag in een kleine kamer op de hartbewaking, mijn moeder was er al. Dat zijn hart af en toe op hol sloeg was niet nieuw, daar was hij in het verleden voor behandeld. Het was ook niet het grootste probleem. Dat was de bijna-stilstand.

Ik ging naast hem zitten en hield zijn hand vast. Op het monitortje rechts naast het bed zag ik zijn hartslag. Die liep op tot 120, viel ineens stil, ging langzaam naar 30, bleef daar even hangen voor hij verder omhoog kroop. 'Ik had even een dipje,' zei mijn vader toen hij weer bij 70 was. Een verpleegkundige maakte een infuus klaar om de hartslag omhoog te

1. Olli lijkt soms bezig met zijn eigen dingen maar hij voelt alles aan. Toen mijn zusje hoogzwanger was groette hij niet alleen haar maar ook het kind in haar buik, door die even aan te tikken met zijn neus.

brengen. Er kwam een andere verpleegkundige langs met een vragenlijst. 'Bent u ergens allergisch voor?'

'Voor ziekenhuizen,' zei mijn vader.

De verpleegkundige vertrok, ik wisselde wat woorden met mijn moeder. De hartslag begon weer te klimmen, mijn vader leek het niet door te hebben, en toen maakte het cijfer op het kastje weer een vrije val naar beneden. Gerrit kneep in mijn hand, keek me aan. Als kind hield ik zijn hand soms vast, daarna eigenlijk nooit meer. Zijn hand was nog steeds veel breder dan de mijne.

In de uren die volgden waren er een paar van dit soort dipjes. Soms begon mijn vader te trillen en schokken, soms keek hij me aan. In zijn ogen zag ik op dat moment de diepte, de andere kant. Ik raakte er niet van in paniek, werd juist heel rustig.

Ik ben goed in noodgevallen. Maar later verbaasde ik me over het gevoel dat ik op dat moment had. Mijn vader wil niet dood en ik wil ook niet dat hij doodgaat.[2] Het was geen berusting, het ging om iets anders, het besef dat dood en leven niet gescheiden zijn door een ravijn, zoals het meestal lijkt, maar dat ze in elkaar gewikkeld zijn. Dat de dood er altijd al bij is, dat we hier zijn bij de gratie van dat we ooit zullen verdwijnen.

Gerrit kreeg een pacemakerdraad en omdat die niet goed bleek te werken met spoed een echte pacemaker. We brachten tijd door in de wachtkamers van verschillende afdelingen die

2. Na deze gebeurtenis had ik een tijdlang hartkloppingen – ik neem snel gevoel over. Soms voel ik me een klankkast. Biologen noemen dit in het geval van emoties emotionele besmettelijkheid, veel niet-menselijke dieren hebben het. Er is bijvoorbeeld bij muizen onderzoek naar gedaan, het wordt gezien als een primitieve vorm van empathie. Maar het is natuurlijk tegelijk een heel geavanceerde – voelen wat de ander voelt is een waanzinnig krachtig instrument.

allemaal een koffieapparaat hadden, witte stoelen en tafels, en een bak met tijdschriften.

In ziekenhuiswachtkamers verdikt de tijd, duren minuten makkelijk uren. Gedachten worden vermengd met eerdere gedachten, herinneringen aan eerdere keren in die wachtkamers dringen zich op.

Mijn tante toen haar maag leeggepompt moest worden na een halfslachtige zelfmoordpoging (dat ze haar vingers om mijn pols vouwde, ik was vijftien, en zei 'jij begrijpt het wel, toch?'),

mijn nichtje dat hersenvliesontsteking kreeg toen we elf waren (de enige keer dat ik bad, in mijn hoofd, niet hardop, tijdens het uitlaten van Bobo, haar hond, op de parkeerplaats naast de supermarkt, 'god, u weet dat ik weet dat u niet bestaat maar'),

mijn oma die toen haar longen vol met vocht zaten en ze al haast bij de dood was eigenlijk wel weer naar huis wilde,

mijn ouders die eind jaren negentig frontaal werden aangereden door een jongen die al wel een rijbewijs maar nog geen volgroeid geweten had.

Iedereen weet dat tijd vloeibaar is, dat verschillende momenten in de vorm van herinneringen kunnen terugkeren, en dat de betekenis van die herinneringen afhankelijk is van wat er op een bepaald moment speelt. Eigenlijk is dat al een soort fictie. Het lijkt alsof de waarheid in de vorm van meetbare feiten en het verzonnene in de vorm van romans of kunst strikt afgebakende gebieden zijn, maar de werkelijkheid zit ingewikkelder in elkaar.

In *Memories of the Future* schrijft Siri Hustvedt op 61-jarige leeftijd over zichzelf op 23-jarige leeftijd. Ze probeert uit te vinden hoe deze twee vrouwen zich tot elkaar verhouden. Tijd is de vierde dimensie, schrijft ze en in de ruimtetijd van wiskundige Minkowksi staan verschillende momenten niet voor of achter elkaar, maar zusterlijk naast elkaar. Dat betekent dat de 23-jarige Hustvedt en de 61-jarige elkaar zouden kunnen ontmoeten, en dat de 23-jarige nog steeds is waar ze was. Maar dat is voor ons mensenverstand onbevattelijk. Hustvedt is niet meer dezelfde persoon als de 23-jarige, haar verleden is een verhaal geworden en het opschrijven ervan legt dat verleden niet bloot maar maakt er juist meer fictie van.

Wij zijn zelf altijd deels fictie: we vertellen wie we zijn niet alleen aan een nieuwe vriend of de psychiater, maar ook aan onszelf. En zo verandert de ik steeds een beetje van vorm. Niet dat er geen vaste vorm is, of geen eigenschappen zijn, of geen gebeurtenissen plaatsvinden. Niet dat er geen betere of slechtere oordelen zijn – dan zouden we wel kunnen inpakken. Maar zoals de ik in deze tekst noodzakelijk afwijkt van de echte die op dit moment op een bank (eigenlijk een langwerpige kist met een skaileren blauwgrijs kussen erop) in een huisje op Vlieland zit en dit schrijft,[3] wijkt degene die u nu bent af van degene die u als kind was en die u over een tijdje zal zijn.

De woorden die we gebruiken spelen hierin ook een rol. Ze zijn geen neutrale ambtenaarachtige doorgevers van infor-

3. Een van de boeken die ik bij me heb is *Unquiet* van Linn Ullmann. Ullmann probeert het leven van haar ouders, dat in het echt ongrijpbaar voor haar is, in tekst te vatten en richt zich vooral op haar vader, Ingmar Bergman. Om over hen te kunnen schrijven moeten ze personages worden, schrijft ze. Maar voor de schrijver zelf geldt hetzelfde.

matie, ze kregen in de loop van de geschiedenis een vorm die bepaald is door culturele processen en praktijken en die bepalend is voor wat wel en niet gezegd kan worden. Ze drukken hun stempel op hoe een situatie uiteindelijk voorgesteld wordt en daarmee vormen ze ons ook.[4, ii]

VERLEDENHEDEN

De gebeurtenis met de pacemaker liep goed af maar nu is mijn vader ziek. Het verleden kruipt daardoor veel sterker dan normaal mijn dagen in. Iemand schreef me dat de terugkeer naar vroeger, als er iemand ziek is of doodgaat, te maken heeft met dat we niet meer op de toekomst kunnen leunen. Dat is normaal onze uitvlucht uit het heden, blijkbaar is het heden zelf los zand waar je pas overheen kunt lopen als je het mengt met een andere tijdsdimensie. Maar het is niet alleen dat de toekomst is afgesloten, het gaat ook om de dingen die we samen deden.

4. Woorden vormen bijvoorbeeld de waarneming. Neem kleuren. Sommige talen, zoals het Dani, gesproken in Papua Nieuw-Guinea, en het Bassa, gesproken in Liberia en Sierra Leone, hebben geen woorden voor afzonderlijke kleuren, alleen voor licht en donker. Donker verwijst naar koud, en licht naar warm. Kleuren als zwart, blauw en groen zijn koel, dus donker; wit, rood, oranje en geel zijn warm. De Warlpiri uit Australië hebben geen woord voor kleur – ze beschrijven textuur, ervaring, functie. De meeste talen hebben vijf basistermen voor kleuren. De Berinmo uit Papua Nieuw-Guinea en de Himba uit Namibië spreken over donker, licht, rood, geel en een woord dat groen en blauw betekent, bloen dus, of grauw. Het Welsh had ook een woord voor grue – glas –, net als het Chinees en Japans. Russisch, Turks en Grieks hebben afzonderlijke woorden voor donkerblauw en lichtblauw. Onderzoek laat zien dat de woorden die er in een cultuur zijn voor kleuren bepalen hoe mensen die kleuren waarnemen. Grieken die langer in Engeland wonen gaan ghalazio en ble bijvoorbeeld steeds sterker als variaties van blue zien.

Mijn vader heeft hetzelfde. Hij liet me niet lang geleden een compilatie zien van films die zijn vader maakte; mijn grootvader had als een van de eersten een filmcamera. De film begon met beelden van mijn overgrootvader, die havenmeester was in Rotterdam – een onbekende wereld, rechthoekig en ordelijk, bijna een eeuw geleden. Ik zag mijn vader als baby, als kind, als jonge man. Hij fietste, voetbalde, ging als jongen elke zomer naar een oom in Ugchelen die daar een pension had, kreeg als student een rode Mini. En de wereld was steeds zo leeg. De film gaf reliëf aan eerdere verhalen. Hij had tegelijk iets gruwelijks, want bijna alle mensen die in die zwartwitte beelden zo levend waren zijn dood.[5]

Hoewel het lijkt alsof de tijd ons van anderen (degenen die eerder kwamen en die later zullen komen) scheidt is het ook wat ons met ze verbindt. Een van mijn lievelingsboeken over tijd is *M Train* van Patti Smith.[6] Eigenlijk gebeurt er in dat boek niet zoveel. Smith drinkt koffie aan haar vaste tafeltje in een New Yorks café, kijkt naar detectiveseries en beschrijft herinneringen en dromen. Ze maakt eerdere reizen opnieuw, soms echt, soms in haar hoofd,[7] en de doden – haar man,

5. En waar blijven al die dagen toch? Ze moeten er nog zijn, opgekruld tussen een stapel hout in een oude schuur.

6. Mijn andere lievelingsboek over tijd is vier boeken, namelijk de seizoenscyclus van Ali Smith – *Herfst, Winter, Lente* en *Zomer* – die over onze tijd gaat maar waarin ook de tijd zelf door de woorden heen schemert, als mogelijkmaker en als iets wat ons voortdurend tegelijk opvangt en loslaat (als iets wat wij niet kunnen vangen en ook niet kunnen loslaten).

7. Reizen speelt zich altijd voor een deel in je hoofd af, het begint als je nog niet weg bent, als je op reis bent denk je aan dat je weer thuis zult zijn, als je dan weer thuis bent lijkt de reis pas te stollen.

vrienden, dichters die ze bewondert – blijken soms nog heel dichtbij. Ze schrijft hen door de tijd heen naar ons toe.

We zijn zelf gemaakt van tijd. Dat geldt niet alleen voor ons denken, ook onze lichamen bestaan net zo goed uit wat was als wat is.

'In den beginne waren er echo's

die het verleden overleverden,' schrijft Ellen Deckwitz in *Hogere natuurkunde*, een dichtbundel die laat zien hoe de geschiedenis van haar familie, vooral haar oma, zich in het heden en de lichamen van nazaten genesteld heeft. Genen en woorden (inclusief de verhalen die niet verteld worden) vormen haar dagelijks leven, en niet alleen het hare: op deze manier worden collectieve geschiedenissen het heden in gedragen.

Dat kan tragisch zijn want trauma's en andere wonden worden zo doorgegeven, bij Deckwitz die uit Nederlands-Indië. Maar dat het verleden doorleeft kan evengoed troosten, omdat wie of wat weg is nooit echt weg is. Wat er precies gebeurt kunnen we niet controleren.

We kunnen onze sporen niet uitwissen, zegt Jacques Derrida daarover. We hebben geen grip op hoe de afdrukken die we in het leven en de geesten van anderen maken vorm krijgen, van vorm veranderen. Nu niet en als we verdwenen zijn niet.

Vanwege dat opdringerige verleden wilde ik dus ook naar Vlieland. Niet om wat voorbij is te vangen. Zoiets zou ik niet proberen. Misschien omdat we hier altijd tamelijk blij waren. Ik herinner me niet de vakantiestress van reizen verder weg, hooguit wat gedoe rondom het opzetten van de tent.

Niet dat mijn herinneringen erg helder zijn. De vakanties naar Vlieland uit mijn jeugd, ongeveer tot ik naar de middelbare school ging (en we algauw niet meer samen op vakantie gingen om een zwik redenen, waaronder de scheiding van mijn ouders) zijn samengesmolten tot een bal impressies: mijn ouders in korte witte broeken, ze tennisten ook samen op een gegeven moment, hun stemmen 's avonds voor de tent of in de hotelkamer, hoe ze roken. Zand, de wind die zand in je gezicht blaast in de zomer, in de herfst, het prikken van de zon op hete dagen (al die fijne prikjes naast elkaar), aan je arm likken om te proeven of hij zout is, dat de haartjes op die arm langzaam bleken. Een tent die tijdens een zomerstorm inregende (het bleef regenen en ik geloof dat we eerder vertrokken). De frisbee die ik tijdens diezelfde vakantie op de camping tegen het hoofd van een kale man gooide, die dacht dat ik het expres deed en het ding direct in de vuilnisbak wierp. Het ging per ongeluk, zo goed kon ik niet mikken, maar ik vond het grappig, vanwege dat kale hoofd, dus het weggooien voelde bijna terecht. De kronkelende bospaadjes, de geur van naaldbomen in het midden van de zomer, bij aanvang van de herfst. De paarden (gevoel van thuis, gedragen worden).

Tijdens een van onze wandelingen in het bosje aan de overkant van de weg kwamen Doris en ik een sliert paarden met ruiters tegen. Het leek me een buitenrit voor beginners, mensen met ongemakkelijke houdingen in stap. De vrouw die de tocht begeleidde zat achterom gedraaid te kletsen. Ik wilde nooit kletsen, dat doet af aan het rijden, aan het met het paard zijn.

’s Middags loop ik met Doris naar het Strandhotel, de manege lag er vlak naast. Het hotel ligt er zakelijk bij en Stal Edda is nergens te bekennen. Naast de duinpaden zijn vakantiehuizen gebouwd – het is niet eens dat het er zoveel zijn maar ze staan zo recht naast elkaar. Het strand is groot en leeg, de Noordzee kalm. We lopen naar de volgende opgang, mijn voeten doen het vanzelf, ik hoef niet te zoeken. Zo voel ik nog hoe het was om hiervandaan naar het dorp te fietsen: eerst naar beneden, vaart maken omdat je meteen een steile helling op moet, het laatste stukje staand op de trappers. (De rug van mijn vader, mijn moeder met mijn zusje achterop, toen ze zelf kon fietsen reed Esther achter mij op de kleinste fiets.) Mijn vaders lievelingskleur is geel.

Landschappen liggen in je lichaam opgeslagen, niet alleen als kaart.[8] Ik kom uit Hoorn, reed paard in een dorp daar in de buurt, Beets, ben iemand van het vlakke land, zwijgzame mensen, de horizon. Ik waardeer drama maar begrijp trage verschuivingen beter, lengte, lege velden, het fletse blauw van

8. Manieren om op te gaan in het landschap:
Heel lang heel stil staan.
De kleur van het landschap aannemen.
De vorm van het landschap aannemen.
Je ingraven (onderduiken, opstijgen).
Een onopvallend dier nadoen.
Erin verdwijnen (bijvoorbeeld ver genoeg weglopen of sterven).
Je metamorfose afwachten.
Zorgen dat het landschap zich op een dag naar jou voegt,
bijvoorbeeld door het land te bewerken.

het IJsselmeer dat lichtgrijs overgaat in fletser blauw. Misschien werd op dit eiland mijn liefde voor zee en bos gewekt. Mijn moeder houdt van de zee, niet van het bos. Mijn vader zou ik het moeten vragen. Ze voelen zich allebei meer thuis in een museum dan buiten. Dat is ook mijn habitat trouwens, een van mijn eerste herinneringen speelt zich af in het Stedelijk, ik lig in de zaal bovenaan de oude trap op mijn buik op de vloer tijdens een opening, de grote mensen staan in een kring, mijn zusje is er ook bij. Pas na mijn twintigste leerde ik over de ruimte die lang wandelen geeft, van hond Pika. Zij hield van de zee.

Doris niet, zij zwemt niet en vindt het water te woest, te onvoorspelbaar. Soms gooi ik een strandvondst in haar richting, waar ze achteraanrent. Ze maakt extra rondjes, schijnbewegingen. Haaienei, zacht stuk hout, wier. Soms rent ze naar me toe terwijl ik langs de branding loop, om als ze vlak bij me is heel snel om te keren richting de duinen.

De keer dat ik op het strand sliep was ik hier alleen, het was in een periode waar ik me weinig van herinner, ik was te dun en eigenlijk maar half levend. ’s Avonds zat ik voor de tent en rookte hasj met de jongens uit de tent naast me, aardige jongens, te vertrouwen, zelf was ik veel te mager om wat met ze te willen. Het was erg warm, dus toen het donker was pakte ik mijn slaapzak en liep ik de duinen over om op het strand naar de sterren te kijken en uiteindelijk in slaap te vallen. Dit zijn de enige beelden die ik van die dagen heb. Ik heb mijn tent opgezet (ik weet nog wel waar hij stond, op het veldje meteen links van de hoofdingang), ik zal gezwommen hebben, ik ben met de boot gegaan, met de trein naar de boot, ik zal geschreven hebben en getekend. Maar ik weet het niet meer. Ik herinner me ongeveer wat ik droeg – een roze onderjurk, een groene gehaakte overjurk, donkergroene schoenen met kurken plateauzolen. Een politieagent maakte me 's nachts op het strand wakker door met zijn zaklamp in mijn gezicht te schijnen. Hij vroeg of alles in orde was, ik zei van wel.

Van de keer dat we hier met de jaarwisseling in 2000 waren, een paar jaar later, weet ik ook niet heel veel meer, toen ging het nog steeds niet erg goed. We zaten met de hele familie in het Strandhotel. Mijn tante was net een paar jaar dood. Iedereen liep nog met dat verlies te zeulen en dat verbond ons niet, het duwde ons juist weg van elkaar. In *The White Book* schrijft Han Kang over de kleur wit en over verlies. Ze tilt beelden uit de werkelijkheid en legt ze zorgvuldig over elkaar, tot er een vertelling ontstaat. Het niet zegbare krijgt een kleur – alle kleuren tegelijk – wit. Wit is net zoiets als stilte, ook nooit volkomen, en wordt in dat boek een plek om te schuilen. Maar als je na een groot verlies samen bent, is die stilte er niet, is er ook of vooral het trekkende zeer en het lijden van de anderen.

Ondertussen zijn Doris en ik bij de duinrand aangekomen. We klimmen over het duin, ik wil naar rechts om iets van het duingebied te zien en volg Doris dan naar links om over het fietspad weer terug te lopen.

Als we bijna bij het huisje zijn vliegen ganzen over – een soort zegening. Ik wijs Doris erop, maar haar interesse ligt lager, en ze heeft gelijk, daar gebeurt ook van alles, er liggen zandhopen en naalden en eikels. En gevallen bladeren, die zijn ook een zegening, konden wij maar verkleuren, ik zou het elk jaar doen.

2. DENNEN

Op de oude houten tafel voor het raam ligt een briefje:

> specht
> fazant
> wat doe ik hier eigenlijk

De specht zag ik bovenin een den in het bosje aan de overkant van de weg, ik hoorde hem of haar niet. De fazant zag ik niet maar hoorde ik gisteravond lang roepen. Doris houdt van fazanten, ze rent er graag achteraan. Nu gromde ze alleen zacht. Ze is een waakhond, dat is haar beroep, ik heb er nooit om gevraagd maar daardoor voel ik me hier wel veilig.

Wat doe ik hier eigenlijk? Ik zou dit essay net zo goed thuis kunnen schrijven, uit mijn herinnering, het heeft iets melancholisch of zelfs sentimenteels om terug te keren naar een plek die veranderd is. Een eiland is natuurlijk een goede metafoor voor veel zaken en de zee schept ruimte. Maar ik ben niet op zoek naar een goede metafoor.

Mijn vader fotografeert. Hij vangt de wereld in beelden. Mijn kindertijd is uitgebreid gedocumenteerd, inclusief de vakanties. Op een gegeven moment wilde ik niet meer op de foto. Ik vond mezelf zo lelijk en het fototoestel herinnerde me er steeds aan.

Nu zie ik in het fotograferen een mengsel van verbinding en afstand – er spreekt liefde uit de foto's, maar wie een camera bij zich heeft neemt ook steeds een stap terug uit de werkelijkheid om die te kunnen afbeelden. Dat doe ik ook. Wie schrijft (en ik fotografeer trouwens ook) is naast deelnemer tegelijk toeschouwer. Bepaalde collega's zijn bijvoorbeeld niet geschikt als vriend maar wel interessant als personage. Bij de filosoof treedt er een vergelijkbare verandering op. Weten dat je ook een ander perspectief kan kiezen, de werkelijkheid en ervaring tussen haakjes kunt zetten, levert een ander type oordeel op en een andere ervaring van de ervaring. Dat is een rijkdom maar ook een verlies. Het lijkt op de verhouding tussen taal en de wereld. Taal past nooit precies op wat er is, vat het nooit volledig, maar in de ruimte die ontstaat als je iets probeert te vatten is plaats voor het nieuwe. Woorden kunnen wat er is anders tonen.

BEDAAGDE MASTEN MET GROENE KEGELVORMIGE BORSTELS ER BOVENIN

In het najaar verlang ik altijd naar *Zeepijn*. Net als door dieren ben ik door lezen gevormd en Charlotte Mutsaers leerde mij twee belangrijke lessen. Of leren, haar werk herinnert me eraan. Ten eerste: niks is normaal,[9] ook al willen mensen je

9. Normaal is niet alleen gewoon maar ook een standaard, die vaak ten koste gaat van zelf denken. Dit is geen nieuw fenomeen. Montaigne beschrijft dit in zijn Essays rond 1580 als volgt: 'Ik zou het mijn landgenoten graag vergeven dat zij alleen hun eigen zeden en gewoontes als voorbeeld en richtsnoer nemen voor wat volmaakt is; want

doen geloven dat dat wel zo is. Ten tweede, en daarmee verbonden: ordeningen kloppen vaak niet, wat als klein of onbeduidend beschouwd wordt kan juist extreem belangrijk zijn, en vice versa. Je mag wat er ligt nooit voor lief nemen.

Omdat op Vlieland zoveel naaldbomen staan herlees ik *Naar La Suchère, een reisverslag*. In dit essay gaat Mutsaers met mens Jan en hond Plume op zoek naar het dennenbos dat Francis Ponge in *Het zakboekje van het pijnboombos* in woorden probeert te vangen. Ze logeert in een hotel met oudere mensen waar niemand van Ponge heeft gehoord, terwijl ze Sartre allemaal wel kennen. Door wandelingen in het bos probeert ze om dichterbij Ponge te komen, maar dichterbij dan door de tekst komt ze niet.

In korte paragrafen, die steeds een deel van wat vooraf kwam herhalen en steeds iets verglijden, iets nieuws toevoe-

het is een algemene fout, niet alleen van het gewone volk, maar van iedereen, niet verder te kijken dan het nest waarin je geboren bent. (...) Maar waar ik mij over beklaag is dat ze zó weinig zelfkritiek hebben dat ze zich door de heersende gebruiken volkomen laten inpakken en blindelings volgen wat op dit of dat moment in zwang is, en dat ze, al naar de mode het verlangt, in staat zijn elke maand een andere zienswijze te verdedigen, ook als die lijnrecht ingaat tegen hun eerdere opvattingen.' Soms is dat komisch. 'Toen de balein van hun wambuis op de borst werd gedragen, bezwoeren ze bij hoog en bij laag dat hij daar op de juiste plaats zat; maar nu die, een paar jaar later, is afgezakt tot op hun dijen, drijven ze de spot met hun eerdere gewoonte en vinden die absurd en verwerpelijk,' schrijft Montaigne. Maar klakkeloos meebewegen met gewoontes kan ook erge consequenties hebben. Nertsen in kooien stoppen voor hun vacht is niet normaal (het fokken van dieren is al niet normaal en ze eten ook niet). Vluchtelingen laten verdrinken is niet normaal. Geld boven welzijn verkiezen is niet normaal. Het leven zelf is natuurlijk al niet normaal. Geboren worden niet en verliefd worden niet en doodgaan niet. We hebben gewoontes nodig om ons bestaan te structuren en het is pijnlijk en vermoeiend de wereld steeds opnieuw te zien. Maar toegeven aan de mal die er ligt is geen optie. Voor je het weet ben je iemand die je niet bent of niet kunt zijn, of dwing je dat af bij een ander.

gen, zoekt Ponge in *Het zakboekje* naar de juiste woorden. Pijnbomen lijken op de baarden van zwarte bejaarden, ze zijn harmonisch en muzikaal, ze lijken op masten:

> 'Van die masten, van hun voet tot halverwege'
>
> 'O achtenswaardige zuilen, bedaagde masten!'
>
> 'Bedaagde masten met groene kegelvormige borstels
> er bovenin. Wat borstels betreft: sparren zijn donkergroene
> draaitollen (maar dat is een ander verhaal).'
>
> 'Trage fabriek van hout, van masten, van *deurstijlen*,
> van palen, van balken.'
>
> 'En helemaal geen bladeren die zich bewegen tussen
> die bedaagde masten met hun kegelvormige haarbossen die
> hoog in de hemel in de war raken.'

Het woord voor woord zoeken laat zien dat niets te beschrijven is zonder het te veranderen. Vaak wijten mensen dat aan de taal – we hebben de woorden niet. Maar volgens Ponge is het andersom, vermoordt het onderwerp steeds het gedicht. Mutsaers schrijft dat hij 'het taaldennenbos steeds opnieuw (wil) omverrammen met de stammen van het werkelijke bos'. Tegelijkertijd wil het bos volgens Ponge uit zijn uitdrukkingsloosheid verlost worden. Misschien heeft het de schrijver zelfs wel nodig. Ponge noemt het schrijven veroveren, maar het is onduidelijk wie nu eigenlijk wie verovert.

Elke schrijver weet hoe het voelt om bomen te willen vangen met woorden die die bomen wegduwen, hoe het voelt als de bomen de woorden wegduwen. Maar de beschrijving maakt ook iets zichtbaar wat er eerder niet was – niet alsof je sneeuw van het ijs schuift om onder dat ijs te kunnen zien, eerder zoals sneeuw de vorm van de wereld opnieuw laat zien, omdat alles nu wit is.

Het lijkt misschien of de bomen echter zijn dan de woorden, alsof de natuur echter is dan dit essay. Maar wat als het andersom is?[10]

NATUURCULTUUR

Dit essay schrijf ik voor de Maand van de Filosofie. Het moet gaan over de natuur die verdwijnt. Eerder schreef ik al dat ik weinig heb met de natuur. Natuur is een vaag begrip, ideologisch geladen, en het heeft de neiging bepaalde verschillen te verbloemen en andere juist te versterken.

Allereerst is het belangrijk om te begrijpen dat natuur en cultuur geen tegenstellingen zijn. Donna Haraway wijst in haar werk op de rol die lichamelijke microprocessen spelen in ons bestaan, zoals zich vermenigvuldigende bacteriën, zich al dan niet delende cellen, het eten dat we opnemen en het afval dat we uitscheiden. Die processen zijn het fundament van ons leven: we bestaan uit materie, dat we leven hebben we eraan te danken. Dat is biologisch, schrijft Haraway, maar biologische processen zijn tegelijkertijd ook door en door sociaal. We zijn

10. Wat voor boom ik zelf ben? Waarschijnlijk een berk, eenzelvig en pionierig en expressief.

altijd verbonden met anderen: zowel als materie (denk maar aan een virus) als in tal van symbolische relaties en processen (denk maar aan taal of sociale verhoudingen tussen groepen mensen). Ook die bepalen hoe onze leefwerelden en lichamen eruitzien en welke betekenis we daaraan toekennen.

De anderen tot wie we ons verhouden zijn niet alleen mensen maar ook andere dieren, planten en dingen. Het samenleven met honden heeft bijvoorbeeld de levens van mensen en honden veranderd. Haraway wijst er in *The Companion Species Manifesto* op dat honden actief deelnemen aan dit proces en dat de uitkomst ervan door mens en hond wordt bepaald. Mensen kunnen individueel veranderen door te leven met een hond, maar ook onze cultuur is beïnvloed door de aanwezigheid van honden, en mensen zijn er zelfs genetisch door veranderd. Wanneer een hond en mens die van elkaar houden elkaar aankijken maken ze bijvoorbeeld het knuffelhormoon oxytocine aan, net als wanneer mensen die van elkaar houden elkaar aankijken.

Gedomesticeerde dieren maken dus deel uit van gedeelde culturen met mensen, die zij mede vormen.[11, iii] Maar ook de rest van de natuurlijke wereld bepaalt voor een deel hoe we leven en dus wie we zijn. Bomen maken zuurstof waardoor we kunnen ademhalen, er zijn schrijvers die betogen dat planten mensen gedomesticeerd hebben.[iv] De dingen hebben ook in-

11. Vroeger liepen de honden en ik vaak in het Beatrixpark in Amsterdam, waar sommige mensen hun honden op meerkoeten en konijnen laten jagen, dat soms zelfs aanmoedigen. 'Het is de natuur' zeggen ze, om dat te vergoelijken. Maar met natuur heeft dat niks te maken (net als de menselijke jacht op andere dieren trouwens). Het is een kwestie van slechte opvoeding bij de hond en een gebrek aan verantwoordelijkheidsgevoel en moreel besef bij de mens.

vloed, tot in onze lichamen. Het brein van taxichauffeurs verandert bijvoorbeeld door het navigeren door steden: de hoeveelheid grijze stof in de hippocampus, het deel van de hersenen dat betrokken is bij navigatie en geheugen, neemt toe naarmate ze langer hun beroep uitoefenen. Als twee taxichauffeurs een kind krijgen, geven ze dat door. En techniek beïnvloedt sociale relaties. Het schijnt dat er sinds de invoering van navigatiesystemen in auto's minder echtscheidingen zijn.

Cultuur bepaalt deels de natuur en natuur vormt cultuur. Haraway noemt deze verklevingen van cultuur en natuur *naturecultures*, natuurculturen.

Natuur en cultuur zijn dus niet goed van elkaar te scheiden. Maar er is nog iets aan de hand. Het lijkt alsof het begrip natuur naar iets vaststaands in de werkelijkheid verwijst, iets met de wilde wereld zonder inmenging van mensen, woeste bergtoppen en oerbossen, hutjes op de hei, Rousseau, Thoreau of desnoods de Wadden. De invulling van dat begrip is echter net als veel andere begrippen cultureel bepaald en verandert door de tijd. Hoe dit werkt kun je zien in wie er als natuurlijk beschouwd wordt.

Ecofeministen wijzen erop dat bepaalde groepen mensen, zoals vrouwen en zwarte mensen, als natuurlijker gezien worden dan andere, zoals mannen en witte mensen – bij hen is de cultuur sterker aanwezig.[v] De groepen die als natuurlijker beschouwd worden, worden ook als emotioneler gezien. Emotie wordt gecontrasteerd met de rede, en lichaam met geest. De voorkeur voor de cultuur, rede en geest boven natuur, emotie en lichaam is niet noodzakelijk maar komt voort uit onze geschiedenis. Onder invloed van Verlichtingsdenkers zoals

Descartes en Kant kwamen in de Europese filosofie bepaalde waarden centraal te staan. Naast de rede werd autonomie bijvoorbeeld belangrijk.

Volgens de ecofeministische denkers ontstond zo een beeld van de mens dat neutraal lijkt, maar eigenlijk de machtsverhoudingen in zich draagt die door de eeuwen heen in zwang waren. Het is geënt op de rijke witte mannen die de dienst uitmaakten. Waar zij goed in waren, hoe hun leven eruitzag heeft een mal gevormd waar sommigen in passen en anderen niet. Die anderen werden daardoor als afwijkend en minderwaardig gezien.

Hoewel veel maatschappelijke verhoudingen nu anders liggen dan in de voorbije eeuwen – de positie van vrouwen is bijvoorbeeld onder invloed van sociale bewegingen op veel plekken in de laatste honderd jaar sterk veranderd – werken deze ideeën nog door. Vrouwen worden door een deel van de bevolking bijvoorbeeld nog steeds gezien als emotionele of intuïtieve wezens, die met hun ongesteldheden en zwangerschappen dichter bij de natuur staan dan mannen.

Maar het meest hardnekkige vooroordeel betreft natuurlijk de niet-menselijke dieren, die gezien worden als natuurlijke wezens die op basis van hun instinct handelen, niet echt nadenken over wat ze doen, gewoon een beetje ronddobberen in een eeuwigdurend nu. Tot zaken als taal, fantasie, cultuur of zelfs handelen met een doel voor ogen zijn ze in tegenstelling tot mensen niet in staat. (Niet lang voor ik dit schreef begon Doris ineens te blaffen. Ik zag niet waarom en vroeg of ze stil wilde zijn. Even later rende een corpulente man met een rood hoofd de tuin in: hij riep de naam van zijn hondje dat ontsnapt was en konijnen zocht onder het huis naast het onze.)

Net als bij de andere groepen die ik noemde zijn deze ideeën taai omdat ze zijn ingegeven door een machtsverhouding die zo veelomvattend is dat hij vanzelfsprekend lijkt. Maar je hoeft niet diep te graven om te zien dat er weinig van klopt. In het denken en voelen, in taal en politiek handelen is er geen tegenstelling tussen mensen en andere dieren en geen sprake van een gebrek aan de kant van de dieren. Er zijn allerlei verschillen, mensen zijn niet automatisch het beste ook al worden ze vaak als standaard genomen, en er is veel wat we over de andere dieren nog niet weten.[vi]

DE JUISTE VRAGEN

In de levens van andere dieren zijn net als bij mensen natuur en cultuur niet goed van elkaar te scheiden.[12] Dierculturen werden echter lang niet onderzocht omdat mensen dachten dat dieren geen cultuur hadden.[13,vii, viii, ix] Dat geldt voor meer zaken die lang als zuiver menselijk werden gezien of afgebakend, zoals taal, emotie en cognitie.

12. Dierculturen kunnen trouwens ook meersoortig zijn, bijvoorbeeld in het geval van honden en mensen, en het is mogelijk om nieuwe meersoortige gemeenschappen te vormen.

13. Er is de laatste jaren steeds meer aandacht voor dierculturen in de wetenschap (noot 7). Dat is hard nodig. Op veel plekken gaan hun gemeenschappen verloren en het wordt steeds duidelijker dat dat verstrekkende gevolgen kan hebben. Olifanten hebben bijvoorbeeld samenlevingen waarin ouderen de jongeren kennis doorgeven die van generatie op generatie vergaard is. Wanneer de matriarchen vermoord worden door stropers raken jongeren niet alleen getraumatiseerd maar ook gedesoriënteerd (noot 8). Ze weten niet waar ze naartoe moeten voor water als een zomer droger is dan ze ooit meemaakten, of hoe ze moeten omgaan met ingrijpende levensgebeurtenissen. Er zijn groepen jonge mannetjesolifanten die wat ze meegemaakt hebben afreageren op neushoorns als er geen oudere olifanten meer zijn om ze terecht te wijzen (noot 9).

Vinciane Despret doet onderzoek naar dit fenomeen door dieronderzoekers te onderzoeken. In *What Would Animals Say if We Asked Them the Right Questions* laat ze zien dat wetenschappelijk dieronderzoek vaak bepaald wordt door culturele vooronderstellingen, terwijl het wordt voorgesteld als neutraal. Ook bespreekt ze de rol die sociale verhoudingen tussen mensen daarin spelen. Wetenschappers zijn net als andere mensen een product van hun cultuur en kunnen hun vooroordelen niet als een jas bij de deur van hun laboratorium uittrekken.

Uit een groot anoniem onderzoek onder pinguïnonderzoekers in de jaren tachtig bleek bijvoorbeeld dat de wetenschappers regelmatig *queer* gedrag tegenkwamen bij de dieren die ze bestudeerden, maar daar niet graag over schreven omdat ze bang waren om zelf als homoseksueel gezien te worden, of als activistisch. Sommigen gaven ook aan dat ze het een privézaak van de pinguïns vonden.

Een ander voorbeeld dat Despret bespreekt is de dominantietheorie. Volgens die theorie krijgen sociale relaties bij bepaalde diersoorten, zoals wolven en bavianen, hiërarchisch vorm. Een mannelijke figuur is de baas, de alfaman, daarna komt de alfavrouw, en dan volgt in een hiërarchische verhouding de rest van de groep. Wie onderaan terechtkomt kan het wel schudden.

Bavianenonderzoeker Thelma Rowell onderzocht in de jaren zeventig een troep bavianen in het Ishasha bos in Oeganda, waarin er helemaal geen dominant mannetje was. Sterker nog, er was niet eens sprake van een hiërarchie tussen man en vrouw. Rowells onderzoeksresultaten werden weggehoond, maar ze liet het er niet bij zitten. Ze besloot het do-

minantieonderzoek dat tot dan toe gedaan was te bestuderen en kwam erachter dat de opzet van de studies vaak conflicten uitlokte. Zo werden er regelmatig individuen die elkaar niet kenden uit hun leefgebied gehaald en bij elkaar in een kooi gezet met te weinig eten en drinken. De ruzies die ontstonden werden in de wetenschappelijke literatuur de basis van opvattingen over de sociale structuur van de bavianen,
en hun karakter.

Voor wolven geldt iets soortgelijks. In de jaren veertig onderzocht Rudolf Schenkel grijze wolven in Zwitserse dierentuinen. In gevangenschap werden experimenten uitgevoerd met wolven die bij elkaar werden gezet zonder dat ze elkaar kenden, in afgesloten ruimtes, soms met nauwelijks genoeg voedsel. De wolven probeerden er het beste van te maken en organiseerden zich, zoals dieren in dierentuinen er steeds het beste van proberen te maken.[14]

Despret laat zien dat deze ideeën over dominantie vervolgens weer als legitimatie gebruikt worden om vooroordelen over de menselijke hiërarchie te bekrachtigen. Zie je wel, bij de dieren gaat het ook zo. Het is natuurlijk en normaal dat vrouwen onderdanig zijn (zorgen, zich bij huis en haard houden), en mannen zich manifesteren.[15]

14. Vrouwtjesdieren hebben er in dierentuinen een extra probleem bij: die kunnen niet ontsnappen aan verkrachters.

15. Ik heb nooit veel begrepen van indelingen in vrouw of man. Ik bedoel: ik snap hoe het systeem werkt, maar het lijkt me zo beperkt om maar een van beide te zijn, en bovendien ook politiek problematisch. Ik ging er een beetje vanuit dat de meeste mensen zo dachten. Pas toen ik rond mijn dertigste een tijdje samen was met iemand die niet alleen feminist was maar zichzelf ook echt als vrouw beschouwde, iets essentieels ontleende aan die identiteit, begreep ik dat het ook de progressievere mensen vaak menens is.

Van feministische filosofen hebben we geleerd dat wat natuurlijk is nooit een legitimatie kan zijn voor wat we zouden moeten doen, maar wat als natuurlijk beschouwd wordt, is dus ook een product van culturele normen.[16]

Ideeën over dominantie komen bovendien als een boemerang terug in hoe we denken over het omgaan met dieren, bijvoorbeeld in het opvoeden of trainen van honden. 'Ze moeten wel weten wie de baas is.' Terwijl honden zoals we net zagen meegedomesticeerd zijn en met mensen een nieuwe sociale verhouding hebben ontwikkeld die niet te vergelijken is met hoe wolven met elkaar omgaan. Uit grootschalig onderzoek in de jaren negentig bleek overigens dat groepen wilde wolven als een familie functioneren, waarin wie leidinggeeft niet in steen gehouwen is.

GEHOORZAAMHEID

Die nieuwe sociale verhouding tussen honden en mensen is rekbaar en kan vaak beter.

16. Voor het *queeren* van ons leven kunnen we overigens goed bij de andere dieren terecht. In *Bibi's doodgewone dierenboek* schrijft Bibi Dumon Tak over de naaktslak. Geen dier met een goede reputatie, geen dier dat veel ontzag oproept. Ik zet ze vaak aan de kant als ik ze over de stoep of straat zie glijden, maar veel mensen lopen over ze heen. Ze hebben ook niet zoveel, geen huisje en geen poten. Maar ze hebben wel een interessant seksleven. Aardslakken klimmen als ze elkaar hebben gevonden in een boom waarna ze zich naar beneden laten vallen aan een lange slijmdraad, in elkaar gewikkeld. Dit kan uren duren. Wegslakken draaien rondjes om elkaar tot er een bedje van slijm gevormd is. Vervolgens komt er uit hun rechterwang een soort ballon. Door die tegen elkaar aan te wrijven wisselen ze zaadjes uit – als man. Die zaadjes bevruchten hun eitjes, zodat ze die in de grond kunnen leggen – als vrouw. 'De naaktslak heeft niks, maar is alles,' schrijft Dumon Tak. Dat is om meer redenen nastrevenswaardig, zie ook de voetnoot over Diogenes in het volgende hoofdstuk.

Doris en ik ontmoetten elkaar toen zij bijna een jaar oud was. Op dat moment had ze al op vijf verschillende plekken gewoond. Ze werd geboren in Roemenië, waar ze met haar zusjes in een vuilnisbak werd gevonden en in een schuur met veertig andere honden terechtkwam. Een stichting bracht haar naar Nederland. Ze werd al gauw geadopteerd door een gezin met weinig ervaring met honden. Deze mensen straften haar voor haar angst en ze begon van zich af te bijten. Ze brachten haar terug naar de stichting. Als herderachtige pup zag ze er schattig uit en werd ze snel door een nieuw gezin geadopteerd, waar hetzelfde gebeurde, waarna ze weer teruggebracht werd. Toen ze bij Olli en mij kwam wonen had ze het stempel probleemhond gekregen. Ze had wonden op haar lichaam omdat ze zich vanwege de zenuwen steeds likte. Na een tijdje kwam ze tot rust, ze groeide in die tijd ook snel, maar haar diepe argwaan naar vreemden bleef.

Om te oefenen met sociale situaties besloot ik met haar naar de hondenschool te gaan.[x] Het was in november, de lessen waren 's avonds en het leek altijd te regenen. In het begin was Doris niet erg op haar gemak op het grote grasveld, hoewel ze de oefeningen snel onder de knie had en het leuk vond om samen nieuwe dingen aan te leren. Zelfs als ze erg bang was deed ze nog haar best om het goed te doen. Na een paar weken wende ze aan het veld en de andere honden. Ze vond gehoorzaamheid het leukst. Behendigheid, een hondensport waarbij de hond met een mens ernaast een hindernisparcours loopt, vond ze griezelig vanwege de objecten. Ook de Fun Cursus, waarin honden onder andere leren skateboarden, vond ze om die reden geen succes.

'Gehoorzaamheid' klinkt als een hond leren gehoorzaam te

zijn aan de mens, en er zijn nog steeds mensen die op die manier hun hond aan hun wil willen onderwerpen.[17] Maar dat is niet wat deze cursus inhield. 'We voeden vooral de mensen op,' zei onze trainer tijdens de eerste les. Met opvoeden bedoelde hij dat de mensen beter leren begrijpen hoe een hond zich gedraagt en waarom zij of hij bepaalde dingen doet. Dat heeft de vorm van een gesprek.[18] Mensen leren betere vragen te stellen aan honden, honden kunnen zich daardoor rijker uitdrukken en andere vragen stellen aan mensen. In dit proces spelen de honden zelf dus een actieve rol. Donna Haraway beschrijft iets soortgelijks aan de hand van hoe hond Cayenne Pepper en zij trainen voor behendigheid. Om de oefeningen goed uit te kunnen voeren moeten hond en mens opletten en samenwerken. Hun beleving van de wereld verandert daardoor, nieuwe ervaringen leveren voor allebei nieuwe inzichten op, wat leidt tot een uitgebreidere gezamenlijke leefwereld.

Er is geen vaststaand recept voor het aanleren van oefeningen en het samenwerken: begrip en kennis komen tussen een individuele hond en mens tot stand. Er zijn dromerige honden en fanatieke, leergierige en snel afgeleide, enthousiaste en verlegen; hetzelfde geldt voor mensen. Tijdens de laatste les is er op onze hondenschool een examen waarbij de geleerde oefeningen worden uitgevoerd. Dat is ontroerend om mee te maken: de honden en mensen voelen dat er naar ze gekeken wordt en begrijpen dat er wat op het spel staat, waardoor ze

17. Soms zeggen mensen dat dieren (of kinderen) moeten luisteren. Daarmee bedoelen ze eigenlijk gehoorzamen. Vaak luisteren de dieren al, maar de mens in kwestie niet.
18. Om een uitgebreidere gemeenschappelijke taal aan te leren hoeven honden en mensen niet naar de hondenschool. Dat is een manier om beter naar elkaar te leren luisteren, maar zo zijn er vele. Net als met andere dieren, zoals mensen, leer je elkaar door samen te leven of samen dingen te ondernemen steeds beter kennen.

heel goed hun best doen en soms van de zenuwen fouten maken.[19/20]

De oefeningen op de hondenschool zijn erop gericht honden goed te laten functioneren binnen de bestaande mensenmaatschappij. De honden oefenen invloed uit, maar mensen bepalen het kader waarin dat kan. Despret wijst er met haar kritische beschouwing van het dieronderzoek op dat wij als mensen de juiste vragen nooit alleen kunnen bepalen – de inhoud en de vorm niet. Andere dieren hebben hun eigen perspectief en hun eigen belangen, die wij lang niet altijd kennen, waar we soms het bestaan niet van vermoeden.

Om dat serieus te nemen is het niet genoeg om niet-menselijke dieren binnen een gegeven kader nieuwe vragen te stellen: we moeten samen dat kader onder de loep nemen. En dat is belangrijk, want we hebben veel te bespreken. Over het delen van huishoudens en leefgebieden, om op een andere manier te leren samenleven op deze planeet. Het perspectief van de andere dieren kan ook helpen om onze eigen positie als mensen te veranderen – maar op het belang daarvan kom ik later terug.

19. Dierentrainer en filosoof Vicki Hearne schrijft dat het aanleren van een oefening en het woord dat daarbij hoort de gemeenschappelijke taal uitbreidt. Dat kan er zelfs toe leiden dat een hond grapjes kan maken. Ze beschrijft hoe ze hond Salty leert te apporteren. Als Salty weet wat er van haar verwacht wordt, doet ze soms expres iets anders – ze apporteert het deksel van een vuilnisbak of brengt iets naar de verkeerde mens. De honden op de hondenschool maken op een vergelijkbare manier grappen. Zelfs de meest gehoorzame types besluiten op een gegeven moment eens niet de gevraagde oefening uit te voeren maar een rondje over het veld te rennen – vaak doen ze dat tijdens een examen of op een ander moment wanneer de anderen naar ze kijken. Ze proberen andere honden mee te krijgen en soms lukt dat, hoewel de meeste honden hun zelfbeheersing weten te bewaren, zeker in de cursussen voor gevorderden.

20. Meer communicatie leidt niet automatisch tot harmonie: het levert ook meer misverstanden op.

Doris en ik hebben ondertussen vijf cursussen gevolgd, omdat we het allebei leuk vinden. Het heeft haar geholpen bepaalde situaties te leren tolereren en mij om haar beter te leren begrijpen, maar ze houdt er nog steeds niet van als mensen en andere dieren die ze niet kent te dichtbij komen. Wanneer ze zich bedreigd voelt laat ze dat duidelijk blijken. Maar dat is haar goed recht.

DE KLEREN VAN DE TAAL

Natuur is dus verweven met cultuur, voor mensen en andere dieren, en de betekenis van die begrippen is veranderlijk en niet los te zien van andere culturele opvattingen. Maar er is nog iets aan de hand. In het beschrijven van wat natuur is en wat cultuur ligt de taal net als bij het pijnboombos of mijn herinneringen niet stil te wachten. Een woord als natuur lijkt ook naar een vaststaand ding in de werkelijkheid te verwijzen omdat het een woord is.

Ludwig Wittgenstein schrijft dat de kleren van de taal alles gelijk maken. Dat hangt samen met een methodologisch probleem in de filosofie – filosofen zoeken naar een onomstotelijke universele betekenis van begrippen en een vastliggende manier om tot die betekenis te komen. Terwijl, zegt Wittgenstein, je juist moet kijken naar het gebruik van woorden. Woorden zijn geen privéaangelegenheden, ze komen sociaal tot stand, en om te begrijpen wat ze betekenen heb je aan letters op een rijtje niet genoeg. Wanneer je die publieke dimensie van woorden erkent en op zoek gaat naar hoe ze gebruikt worden, blijkt al snel dat er voor de meeste begrippen geen universele betekenis is. Woorden worden op verschillende manieren en in verschillende situaties gebruikt.

Neem liefde. Romantische liefde lijkt een duidelijke vorm te hebben. Man ontmoet vrouw, ze worden verliefd, gaan trouwen, krijgen kinderen (of niet), wellicht gaat een van beiden vreemd en/of wordt een van beiden verliefd op een ander en/of is de man een vrouw of andersom, maar die variaties tasten de riedel niet aan. Zo werkt het, zo moet het zijn. Dit 'liefde' of 'echte liefde' noemen doet het lijken alsof dit een vaststaande eeuwige waarheid is. Maar dit beeld is natuurlijk gevormd door onze cultuur, en onder andere Hollywoodfilms, christendom en patriarchaat drukten er hun stempel op. En het verbloemt de veelheid aan soorten romantische liefde die er zijn. Wie vaker dan een keer verliefd is geweest weet dat er constanten zijn maar ook een enorme variatie aan gevoel, en de verhouding vriendschap/romantiek/seks/enzovoort is met verschillende geliefden nooit precies hetzelfde.

En dit is alleen nog maar de romantische liefde. Er zijn veel meer soorten. Mensen zijn ook niet de enigen die liefhebben. Sommige mensen, waaronder veel filosofen, aarzelen om woorden als liefde of vriendschap te gebruiken voor relaties tussen dieren, en voor onze verstandhoudingen met de andere dieren. Het idee daarachter is dat dieren niet snappen wat er aan de hand is, dat de affiniteit vooral menselijke projectie is, alsof er een soort drempel is waar andere dieren niet over kunnen stappen. Maar eigenlijk denk je dan verkeerd om. Woorden en begrippen, zoals liefde en vriendschap, zijn namelijk goed gereedschap om situaties te verhelderen en kunnen naar een veelheid van verhoudingen verwijzen. Vriendschap met een hond houdt wat anders in dan met een mens – je doet andere dingen samen, zorgt op een andere manier voor elkaar, maakt op een andere manier contact – maar dat wil niet zeggen dat zij minderwaardig is. En vriendschappen met mensen zijn ook nooit hetzelfde. Mijn eigen vrienden zijn allemaal heel anders en dat is een groot geluk.

Naast vriendschap en liefde – veelomvattende fenomenen – zijn er talloze andere ontmoetingen en verbanden mogelijk tussen dieren van verschillende soorten, inclusief mensen. Groeten,[21] spel, gewoontes, het aanleren van oefeningen op de hondenschool. Dit soort praktijken kun je opvatten als taalspelen. Taalspel is een begrip van Wittgenstein dat niet wil uitdrukken dat taal een spel is of dat mensen altijd spelen als ze taal gebruiken, maar dat de vorm en werking van het begrip taal met die van het begrip spel te vergelijken zijn.[22/23]

Wittgenstein gebruikt het begrip taalspelen op verschillende manieren. Als metafoor voor 'taal', maar ook om losse taalpraktijken en primitieve of kunstmatige talen aan te duiden. Door taal zo op te vatten probeert hij recht te doen aan de

21. Op Vlieland zijn er specifieke menselijke groetpraktijken. Niet iedereen groet, mensen die alleen lopen vaak wel, maar als het er twee zijn, lopend of op de fiets, groet er vaak maar eentje. Meestal de voorste, meestal neemt de man het voortouw in groeten (de man fietst vaak voorop). Soms is het de achterste, dat is dan vaak een ouder familielid. Helemaal niet groeten begrijp ik op een eiland niet. Overdreven groeten komt voor maar minder dan op het vasteland.

22. Het denken over taal als een verzameling taalspelen is een goed beginpunt om talige interactie met dieren beter te begrijpen. Taalspelen behelzen volgens Wittgenstein meer dan alleen woorden. Ook lichaamshoudingen, bewegingen, gebaren en geluid kunnen er deel van uitmaken. Zingen is een taalspel, net als bidden, iemand voor de gek houden of een wijsje fluiten. In sommige taalspelen, zoals esthetische oordelen, kan een hoofdknik zelfs belangrijker zijn dan de woorden die iemand uitspreekt. Betekenis is steeds nauw verbonden met gebruik, iets wat voor het onderzoeken van dierentalen ook een goed beginpunt is. En er zijn altijd nieuwe taalspelen mogelijk.

23. Vicki Hearne schrijft dat het leren van een taalspel aan of van een ander dier een manier is om het donker te leren lezen.

veelvormigheid van de werkelijkheid. Hij schrijft dat we taalspelen altijd moeten onderzoeken in de praktijken waarin ze gebruikt worden. Natuur is een woord dat mensen voor een waaier aan zaken gebruiken, zoals wolven op de Veluwe, oerbossen, instinct, stadsnatuur, dingen die met het lichaam te maken hebben, landschappen, sommige vormen van wreedheid, Schotse Hooglanders, wildheid, insecten, de liefde van ouders voor hun kinderen, vakanties naar bepaalde exotische oorden, tuinen. Dat zijn allemaal taalspelen, waarin natuur steeds net iets anders kan betekenen. Als we willen uitzoeken wat natuur is moeten we precies zijn en het woord steeds in de gegeven context onderzoeken.

VAN DIE KLEINE LANGWERPIGE SCHELPJES MET EEN KARTELRANDJE

Een uur voor de wind opsteekt loop ik over de brede bospaden naar de Dorpsstraat om het museum Tromps Huys te bezoeken (Ponge vergelijkt het pijnboombos op een gegeven moment met een kapsalon, maar dat gaat me te ver).[24] Dat was het woonhuis van schilder Betzy Akersloot-Berg, geboren in 1850. Zij schilderde steeds de zee. Haar werk is in het echt kleuriger en feller dan op de afbeeldingen die ik er online van vond, ze gebruikt veel roze. Een paar kleine werkjes raken me, waaronder eentje met meeuwen, de grote doeken vallen

24. Onderweg kom ik langs Het Armhuis, een restaurant met veel opgezette dieren, waar ik me nooit op mijn gemak heb gevoeld. Ik kan in een ruimte zijn met opgezette dieren, maar alleen als ik de andere kant op kan kijken. 'Jij wil hier graag zitten, toch?' zegt een man voor de deur vertwijfeld tegen een vrouw.

tegen. In een gang met oude landkaarten word ik aangeblaft door een hond, een verlegen zwarte.

Zonder Doris loop ik terug naar huis. Met haar wandel ik, zonder haar loop ik blijkbaar, het verschil tussen wandelen en lopen is misschien dat het eerste gaat om de activiteit zelf en het andere een middel tot een doel is.

De Finse filosoof Elisa Aaltola schrijft veel over empathie en het woordeloze samenzijn met andere dieren. Hoe je ook als mens op kunt gaan in een groep honden of bavianen door samen met ze te bewegen. Ons ik steekt altijd zo uit, dat geldt voor sommige andere dieren veel minder, die leven meer in wij. En in dat wij kun je opgenomen worden. Zo mis ik Doris nu ook, lichamelijk en als wij, omdat we de afgelopen dagen steeds samen waren. Haar afwezigheid drukt zich steeds opnieuw af in de stappen die ik zet.[25]

Doris is ook blij om mij weer te zien. Sinds haar laatste loopsheid gebruikt ze haar stem meer en heeft ze zichzelf een jankje aangeleerd om haar vriendjes mee te roepen, waarmee ze nu mij begroet. Ze komt naast me op de kist met het skaileren kussen zitten als ik aantekeningen maak.

25. Ik leerde Elisa negen jaar geleden op een conferentie kennen. De dag voordat ik naar Vlieland vertrok plaatste ze een bericht op Facebook vanuit het ziekenhuis. Ze kreeg last van een toenemende migraine, het bleek een ontsteking in haar hersenen te zijn. Gelukkig mailt ze een paar uur nadat ik het bovenstaande over haar schreef, terwijl ik achter de houten tafel zit met uitzicht op de dennentoppen en uitkijk naar de specht. De artsen waren in het begin niet optimistisch, maar ze knapt op. En ze heeft weinig bijwerkingen van de behandeling, alleen wat pijn en levendige dromen waarin ze met grote prehistorische dieren vliegt, rent en zwemt. Op het laatst verscheen een van haar honden, Siiri, in die dromen. 'Het was alsof ze kwam om me mee naar huis te nemen,' schreef Elisa. 'Ik begreep dat ik wilde leven.'

Dat het als je over zo'n wit fietspad door de duinen fietst ineens begint te regenen en ook ineens weer ophoudt met regenen.
Het zwaaien van de zilverpopulieren.
Kastanjes.
Van die kleine langwerpige schelpjes met een kartelrandje en hoe het voelt om daar met je wijsvinger of bovenlip langs te bewegen.

Het landschap roept maar heel aarzelend herinneringen op. (Wat doe ik hier eigenlijk.)

Ik loop naar de keuken om de linzensoep op te zetten. De fazant is vandaag stil. Er hoppen wel een paar duinkonijnen langs het keukenraam, uit mijn ooghoek lijken het net mensen.

3. DE EERSTE DAG VAN DE HERFST

Op de eerste dag van de herfst joggen Doris en ik naar Stal Edda. De vorige ochtenden veranderde de lucht traag van diep grijs naar lichtblauw naar donkerder blauw. Nu drijft de wind grijze wolken achter de dennentoppen langs. De lucht was vlak na zonsopkomst gelig, werd algauw daarna lichtgrijs.

De manege is verder dan ik dacht. Zondag liepen we per ongeluk ook al twaalf kilometer hard. Doris baalt, die neemt liever kronkelpaden naar nergens dan dit witte schelpenfietspad naar het meest oostelijke punt van het eiland.

Een meisje dat poep uit de paddock schept vertelt me dat Stal Edda in 1992 naar deze plek verhuisd is. Ze lijkt zelf van na 1992, maar vertelt het alsof ze erbij was. Dat is de juiste manier om zoiets te vertellen. 'Het was hier helemaal leeg,' zegt ze. Daardoor herinner ik me dat ik hier al een keer geweest ben. Ik herkende het niet vanwege de schuren, loodsen, containers en grote auto's die het zicht op de haven wegnemen. Ik vertel haar dat ik een essay over het eiland schrijf, dat ik hier vroeger kwam en dan altijd paardreed, soms is het fijn om een vreemde in vertrouwen te nemen. Ze reageert opgetogen, misschien is ze een lezer of gewoon vriendelijk. Ik vertel haar niet dat ik nu niet meer zou rijden en ook niet hoe gelukkig ik tijdens die ritten was.

Op de terugweg vindt Doris een ander pad, dat sneller is, voor we het weten zijn we weer in het bos aan de overkant van de weg en dan is het nog maar een minuut of tien rennen naar huis.

Als we de heuvel oplopen zie ik dat er nieuwe buren gearriveerd zijn. Ze zijn wat ouder dan het vorige stel, hun haar is wit in plaats van blond, en ze lezen. De vorige buren fietsten de hele dag.

'Ik denk veel aan Montaigne,' schrijft Sue me in een mail. 'En de houding die hij aannam ten opzichte van het leven in gewelddadige en onrustige tijden. Maar hij kon tenminste nog vertrouwen op een bestendige dierenwereld en natuur voorbij het menselijk gedoe. Ik denk dat ik dat mis op het moment, en dat maakt het moeilijk om de menselijke onverschilligheid en kwaadaardigheid te verdragen.'

Sue en ik schrijven allebei over niet-menselijke dieren, als academische filosofen, en dus worden we dag in dag uit geconfronteerd met twee zaken: het leed dat de andere dieren wordt aangedaan en het verdwijnen van hun leefwereld. Dat laatste dringt zich steeds sterker op – het tempo waarmee soorten en ecosystemen verdwijnen versnelt.

Het is niet voor het eerst dat de wereld vergaat, schrijf ik terug. Dichterbij dan Montaigne moest de Frankfurter Schule na de Tweede Wereldoorlog het denken opnieuw uitvinden. Natuurlijk is de filosofie nooit onschuldig geweest, maar er heerste onder filosofen lang een groot vertrouwen in de rede, in de waarheid. Er was lang optimisme over het bouwen van een systeem dat parallel aan de levenswetenschappen de orde onder onze toevallige ervaring van de wereld zou kunnen vangen of tenminste beschrijven. Diezelfde rede die alles zo mooi wist te rangschikken, die ingewikkelde instituties en bureaucratie mogelijk maakte, bleek in de Tweede Wereldoorlog alleen ook genocide goed te kunnen faciliteren. De instituties en bureaucratie die het leven zo efficiënt maakten werden ingezet om mensen, hun geschiedenissen en leefwerelden uit te roeien.

Theodor Adorno en Max Horkheimer schrijven in de *Dialectiek van de Verlichting* dat dat niet toevallig is. Zij denken dat het beeld van de mens dat in de Verlichting ontstond en de manier van denken over de rede die daarbij hoort intrinsiek verbonden is met de Holocaust. Dat zit ongeveer zo. De rede werd in de Verlichting tegenover de mythe gesteld en als een soort logisch rekenachtig vermogen afgebakend. Dat werkt goed wanneer je zaken wil ordenen en rangschikken, maar is ontoereikend om het leven te begrijpen.

De zogenaamd objectieve kijk op het bestaan die op deze manier ontstaat gaat ten koste van de menselijke veelsoortigheid. Individuele verschillen worden door dezelfde norm ingelijfd. Door die uniformering raken mensen vervreemd van de dingen om hen heen, zoals de natuur, maar ze worden ook zelf verzakelijkt. Dit leidt tot een totalitair systeem, waarin geen ruimte is voor het andere. De rede beloofde ons te redden uit de klauwen van de onvoorspelbare en overweldigende natuur, maar daar kwam een economische en politieke overheersing voor in de plaats.

Mensen merken dat niet op, ze zien het als vooruitgang. Adorno en Horkheimer noemen dit een vorm van massabedrog. In wat zij de cultuurindustrie noemen kun je goed zien hoe dit werkt. Authentieke cultuuruitingen zijn persoonlijk, tonen het individu, gaan tegen de stroom in en doen een beroep op de fantasie. Maar kunst en cultuur zijn verworden tot een industrie. Denk bijvoorbeeld aan Hollywoodfilms, die een vast stramien volgen en daarmee de heersende ideologie herhalen en bevestigen. Dit soort cultuuruitingen sussen mensen in slaap, doen geen beroep op zelf denken. Massaproductie leidt tot verdere voorspelbaarheid, alles wordt in dezelfde mal gepropt. Bedrijven spelen hierin een bepalende rol. Niet de bevrijding van de mens uit haar onmondigheid (het motto van de Verlichting) staat centraal, maar economische vooruitgang. Kunst wordt koopwaar, en in het kielzog daarvan worden de mensen dat ook.[26]

Om te kunnen denken na de Tweede Wereldoorlog was het dus niet genoeg om op basis van een calculerende rede kritiek te leveren. Ook het denken moest zichzelf opnieuw uitvinden. Hannah Arendt schrijft daarom dat het totalitarisme de draad van de traditie brak.

Onze tijd wordt door sommigen het Antropoceen genoemd – het geologische tijdperk dat bepaald wordt door het handelen van de mens. Daar zijn dingen op aan te merken. Deze naam maakt van de mens direct weer uitzondering en middelpunt terwijl we juist moeten leren onszelf als deel van het geheel te denken. En het gaat niet om al het menselijk handelen, maar dat van een rijke westerse mens. Ook lijkt het erdoor of mensen de huidige ecologische problemen expres veroorzaakt hebben, wat voor een groot deel niet zo is. Maar deze naam maakt het probleem wel duidelijk.

26. Deze analyse van de cultuurindustrie is nog steeds relevant omdat het laat zien dat niet alleen de systemen waaronder we leven vereconomiseerd zijn maar ook onze zielen dat dreigen te raken, als we niet opletten.

Net als na de Tweede Wereldoorlog is ons denken en mensbeeld verbonden met destructief handelen. De vernietiging van de natuurlijke wereld wordt mogelijk gemaakt doordat mensen zich als uitzondering zien, los van die wereld. Om de problemen die daardoor veroorzaakt zijn op te lossen is het niet genoeg om binnen het uitzonderingsdenken antwoorden te formuleren, zoals mensen met vertrouwen in technologische oplossingen doen. We moeten daarnaast of misschien vooral opnieuw doordenken wat mens kan betekenen en kritisch onderzoeken welke rol het denken heeft gespeeld in de problemen waar we nu mee te kampen hebben. En dat is urgent, Sue heeft gelijk (zoals meestal), want straks is er geen wereld meer over om in te kunnen denken.

WINTER MISSEN

Ik werd geboren op een ijskoude dag in januari. De lucht was strakblauw, het winterlicht ongenadig en toen ik uit mijn moeders lichaam was, huilde ik niet. Ik keek. Mijn moeder werd verlegen, vertelde ze later, vertelt ze elk jaar op mijn verjaardag.

Ik ben een wintermens. Als het te warm is glijden mijn gedachten als zandkorrels langs en over elkaar, traag en chagrijnig. Ik hou van buiten zijn op gure dagen, van donkere avonden, van sneeuw. Ik mis de winters van vroeger. Niet zozeer de droombeelden uit mijn kindertijd, van schaatsen op de Draafsingel, dassen en winterjassen en bevroren tenen, ijsbloemen op de ruit, vooral de winters van toen ik net volwassen was. De keer dat Pika voor het eerst sneeuw zag. Gure avonden op perrons na optredens met de digitale piano in het karretje naast me en een jas die nooit warm genoeg was. Het ongemak dat sneeuw meebrengt, binnenkomen na een koude wandeling. Ik hou zelfs van wekenlange novemberregens, die de vrijheid van een lege wereld meebrengen. Hardlopen is in de regen ook prettiger dan als het warm is.

Misschien zal het in Nederland nog eens gaan sneeuwen, maar de winters die komen zullen waarschijnlijk zacht blijven. Ik ben niet de enige die zich hierdoor verloren voelt.

Het Inuktitut, een taal die onder andere gesproken wordt door de Noord Baffin Inuit uit Groenland, heeft een woord voor heimwee als je thuis bent, dat ook kan verwijzen naar een vriend die zich ineens vreemd gedraagt: *uggianaqtuq*. In de afgelopen jaren heeft het woord er een betekenis bij gekregen: het wordt gebruikt voor onverwachte weersomstandigheden, die leiden tot een veranderende leefomgeving. Een recent bevolkingsonderzoek toont aan dat het veranderende klimaat bij een groot deel van de Groenlanders angst en gevoelens van depressiviteit veroorzaakt. Hun wereld gaat eraan.

Engelsen spreken over *ecological grief* – de collectieve rouw om soorten die al verloren zijn, gemeenschappen die hun leefgebieden kwijtraken, en individuen die sterven. In Nederland denken veel mensen dat het zo'n vaart niet zal lopen. Hoewel uit onderzoek blijkt dat het waarschijnlijk niet de vraag is of een groot deel van het land onder water zal verdwijnen, maar wanneer, heeft de Nederlander vertrouwen in onze dijken. Toch is het woord klimaatdepressie al opgedoken, net als klimaatangst. Er zijn veranderingen in gang gezet die de toekomst van onze leefwereld bedreigen en dat beïnvloedt hoe mensen hun leven ervaren. Ik behoor niet tot de groepen mensen en dieren die het ergst worden getroffen door de klimaatcrisis en uitsterving van soorten. Maar ik mis de kou.

Toch is de onrust die met het verdwijnen van seizoenen of landschappen samenhangt, het feit dat wij, zoals Sue schreef, niet meer op de wereld kunnen leunen, niet wat me uit mijn slaap houdt. Ik ben ook niet eens zo treurig. Ik ben vooral kwaad.

Ik ben kwaad als ik door de supermarkt loop en in een koelschap de lichaamsdelen van kippen, varkens en anderen zie, afgehakt en in plastic verpakt. (Omdat ik weet hoe ze leefden en omdat ik weet dat het niet nodig is.)[27]

Ik ben kwaad als ik met de Minister van Landbouw aan een tafel zit in een prachtig conferentiegebouw, een oud kasteel, waar we allebei een praatje zullen geven, omdat zij sproeiinstallaties in stallen niet verplicht waardoor jaarlijks duizenden varkens en kippen en anderen levend blijven verbranden. Zij kan iets veranderen.

Ik ben kwaad als ik de nonchalance zie waarmee mensen hun gezicht afwenden, als ze lachend de status quo herhalen, als ze tuttutten wanneer iemand iets aankaart.

Ik ben kwaad als ik de alledaagse daden van agressie zie – sportvissen, het meesleuren van honden omdat ze andere honden niet mogen ontmoeten, het doodslaan van vliegen, de jacht, al die dingen die de meeste mensen niet eens als geweld lijken te herkennen.

Ik ben kwaad over wat de Amerikanen tegenwoordig *car culture* noemen – het primaat van de auto.

Over de boskap en de vervuiling van oceanen, de industrie.

Over de moedwillige wreedheid, de onverschillige. De lijst is eindeloos.

27. En ja, mensen zijn ook dieren, een vergelijkbare woede geldt daar, zie ook de conclusie, maar nu gaat het even over de andere dieren.

Ik ben kwaad als ik degenen die er wat aan kunnen doen de dieren zie vergeten. Als ik aan de getallen denk. Als ik aan hun dagelijks leven denk. En dat doe ik altijd. Er gaat geen wakker uur voorbij zonder dat de varkens, kippen, koeien, paarden, konijnen, vissen, en al die anderen in mijn gedachten zijn. En hoe meer je weet, hoe erger het wordt. Kippen spreken al tegen hun kuikentjes als die nog in het ei zitten. Varkens krijgen alles mee van hun leven in gevangenschap en van de slacht. Vissen voelen net als wij.

OVER DE BOTTEN VAN DE DODEN

Je om dieren bekommeren of kwaad zijn om wat ze aangedaan wordt, wordt vaak belachelijk gemaakt. Zeker wanneer het een vrouw is die kwaad is.

De hoofdpersoon van *Jaag je ploeg over de botten van de doden*, Janina Duszejko, gelooft in astrologie. Gebeurtenissen volgen de stand van de sterren. Door te bestuderen hoe ze stonden wanneer iemand geboren was, kun je hun levensloop duiden en hun einde voorspellen – hetzelfde geldt voor het weer, sport, en andere zaken. Duszejko woont in een klein dorp in Polen, waar ze in de winter voor de huizen van de dorpsbewoners zorgt die dan in de stad verblijven omdat het op de heuvel te koud is. De sneeuw stelt haar juist gerust, ze voelt zich thuis in de kou en de stilte. Als haar buurman dood gevonden wordt, raakt Duszejko verwikkeld in een serie moorden, die ze met behulp van de astrologie probeert te duiden. Ze is ervan overtuigd dat het de dieren zijn die achter de daden zitten, omdat de vermoorde mensen jagers waren.

Het boek is deels thriller, deels maatschappijkritisch

geschrift. Olga Tokarczuk, de schrijver, kreeg het in Polen flink te verduren omdat ze kritisch is over de hypocrisie van de katholieke kerk, dierenrechten onder de aandacht brengt, een oudere vrouw als hoofdpersoon kiest, en corrupte en denigrerende politieagenten en andere hoogwaardigheidsbekleders ten tonele voert.

Hoewel Duszejko weet dat degenen die de dienst uitmaken haar niet serieus nemen, blijft ze haar boodschap onder de aandacht brengen. Ze is een waarheidsspreker. Ze vertelt de politie de waarheid, de priester, de jagers. Ze wordt niet serieus genomen omdat ze een oudere vrouw is, omdat ze vanuit haar gevoel spreekt en omdat ze de dingen te persoonlijk opneemt.[28] (U geeft overal op een heel persoonlijke manier om, zegt de boswachter tegen haar.) Maar ook omdat haar waarheid de macht onwelgevallig is. Dat lijkt bij het spreken van de waarheid te horen.

In een late lezingenreeks onderzoekt de Franse filosoof Michel Foucault de betekenis van het begrip *parrhesia* in het oude Griekenland. Parrhesia betekent letterlijk alles zeggen, het komt van *pan*, alles, en *rhema*, dat wat gezegd wordt. Degene die parrhesia bedrijft, de parrhesiastis, is iemand die alles zegt wat in haar opkomt, die frank en vrij spreekt, haar hart en hoofd volledig opent naar het publiek. De parrhesiastis houdt niets achter en gebruikt geen retorische trucs, maar spreekt zo simpel en open mogelijk.

De parrhesiastis heeft een speciale relatie met de waarheid door haar eerlijkheid. Die eerlijkheid levert vaak gevaar op, omdat zij kritisch is ten aanzien van de geldende macht.

28. Ze doet denken aan Elizabeth Costello, Coetzees personage uit het boek met dezelfde naam, die om vergelijkbare redenen niet serieus genomen wordt.

De parrhesiastis is bereid om de waarheid boven haar eigen belang of zelfs leven te stellen. Omdat de parrhesiastis de waarheid spreekt, iets laat zien wat onzichtbaar blijft, tegen de stroom ingaat, krijgt ze veel tegenstand – ze wordt misschien belachelijk gemaakt, gevangengezet. De waarheid wordt vaak niet gewaardeerd, en zeker niet als zij tegen de heersende ideologie in gaat. Maar de parrhesiastis ziet het blijven spreken als haar taak, haar morele plicht, en stelt het spreken boven de veilige stilte. Dit spreken is verbonden met haar houding, met hoe ze leeft: het is niet het gratuite mooipraten van de sofisten, maar eerder wat Socrates deed, die voerde niet alleen discussies waarin hij zocht naar hoe het echt zit maar was ook dapper op het slagveld.[29]

29. Een andere relevante waarheidsspreker is in deze context natuurlijk Diogenes van Sinope, bijgenaamd De Hond. Zo noemt Aristoteles hem althans in de *Retorica*. Het is de enige verwijzing naar hem in geschreven teksten uit zijn eigen tijd. Diogenes was vast niet beledigd door die bijnaam: hij leefde als een straathond, in een ton op het marktplein, van wat mensen hem gaven, hij was vrij van rijkdom en daar trots op. In de anekdotes die aan hem zijn toegeschreven, vergelijkt hij zichzelf soms met honden – met een jachthond, een bijtende hond, een Maltezer. Hij deed dit overigens niet omdat hij iets over de positie van dieren wilde zeggen, het ging hem erom menselijke ijdelheid en denkfouten aan de kaak te stellen. Van Diogenes zelf zijn geen geschriften bewaard gebleven, we moeten het doen met de anekdotes die anderen over hem vertelden: hij liep met een lantaarn over de marktplaats op zoek naar een echte mens, hij beledigde Alexander de Grote toen die in zijn zon stond, en hij beledigde Plato trouwens ook steeds. In zijn preken, die hij op dat marktplein en elders afstak, en de manier waarop leven en denken verweven zijn, is Diogenes tegendraads en dapper. Hij zoekt naar een manier om zelfstandig te leven, naar een andere verhouding met de natuur en de maatschappij, los van de instituties waarvan hij denkt dat die hem en anderen corrumperen. Hij is kritisch over anderen en zichzelf, en gebruikt zijn eigen leven als een uitprobeersel om het anders te doen. Zelf denken, kunnen we leren van Diogenes, en niet bang zijn om naar je eigen kritiek op de status quo te leven. Ze zeggen trouwens dat hij stierf door zijn adem in te houden.

In onze tijd is er weinig ruimte voor waarheidssprekers – kunstenaars vervullen die rol soms, net als romanschrijvers, een aantal denkers en activisten. Maar het systeem waarin we leven is gericht op efficiëntie en het spreken van de waarheid is niet erg efficiënt, integendeel. Dat is een verlies. Samenlevingen hebben waarheidssprekers nodig zoals koningen jokers.

Duszejko denkt dat haar woede haar dichter bij de waarheid brengt. De woede maakt haar gedachten helder, zegt ze, hij ordent ze, zet iets recht, laat haar de wereld in een notendop zien. Ze noemt woede zelfs de bron van alle wijsheid, omdat het degene die het voelt grenzen kan doen overgaan.[30] En, zegt ze, iedereen die de woede voelt en geen actie onderneemt blijft het virus verspreiden.

Ik denk niet dat woede ons de waarheid altijd laat zien – het kan onze blik net zo goed vertroebelen. Maar het kan iemand wel aanzetten tot het spreken van de waarheid. Het voelen van kwaadheid wordt vaak als iets negatiefs gezien, als iets wat je vanbinnen affakkelt. Maar het kan ook iets zijn om op te leunen. Als de rest wegvalt is er altijd nog dat kleine vuurtje dat doorbrandt, me aanzet tot actie en iedereen weet dat er zonder actie geen verandering mogelijk is.

MAAR HET GAAT NIET OM ONS II

Mijn zusje belt. Door het keukenraam zie ik jonge populieren zwaaien, net als de konijnen van gisteren lijken ze uit mijn ooghoek even mensen.

We praten over het pannenkoekenrestaurant in de Dorpsstraat (ze vraagt of ik daar nog heenga, maar op de

30. Hiermee wil ik niet zeggen dat ik al Duszejko's methoden onderschrijf.

website lees ik niks over *vegan* opties), Stortemelk, haar twee kinderen. Grote levensveranderingen, de echte ingrepen in het weefsel, gaan meestal over de dood. Toen mijn eerste nichtje geboren werd leerde ik dat geboorte ook zo'n soort verandering is.

De Antropoceendenkers zijn grofweg in twee groepen te verdelen: zij die geloven dat de techniek ons zal redden en zij die denken dat het systeem op de schop moet. Hoewel technologische vooruitgang een rol kan spelen in een betere toekomst, of in het meer basale overleven, blijft die een lapje voor het bloeden als we onze houding niet herzien. Bovendien is het symptoombestrijding, terwijl we het moeten hebben over de oorzaak. Die oorzaak is niet alleen maar economisch, politiek of cultureel: het gaat ook om het kennissysteem waarin we handelen.

Maar het is niet eenvoudig om als mens voorbij de mens te denken. Antropoceendenkers uit de tweede groep zoeken naar manieren om buiten het westerse paradigma wijsheid te verwerven. Ze wijzen bijvoorbeeld op inzichten uit niet-westerse kennissystemen,[xi] op die van dieren, paddenstoelen,[xii] of bomen.

De filosofen Affrica Taylor en Veronica Pacini-Ketchabaw schrijven dat kinderen en dieren ons kunnen helpen denken. In *The Common Worlds of Children and Animals* zoeken ze naar nieuwe vormen van verbondenheid en zorg waarin mensen niet losstaan van hun leefwereld. In plaats van die van bovenaf te ontwerpen kijken ze naar situaties waarin jonge kinderen niet-menselijke dieren ontmoeten, zoals wormen, mieren en herten. In die ontmoetingen wordt de machtsverhouding gekanteld – de mens is helemaal niet automatisch de baas. Beide partijen zijn nieuwsgierig naar de ander en het is niet duidelijk wie de sterkste is. Kinderknuistjes kunnen knijpen maar mieren kunnen steken.[31/32]

Politieke verandering wordt vaak geassocieerd met kracht en geweld. Revolutie, beelden die omvergehaald worden, wapens, opstand. Maar misschien begint het anders doen in deze tijd juist met het kleine, niet het grote. Met goed luisteren, aandacht voor de nieuwe mensen, de kleine dieren.

DE TOEKOMST

’s Avonds loop ik met Doris naar het strand. De lucht is roze, mensen zitten op het duin en kijken naar de zonsondergang. Het doet me denken aan wat een voorbijganger me ooit vertelde over een groep kangoeroes in Australië die zich elke dag op een heuvel verzamelt om naar de zonsondergang te kijken.

Op de weg terug ontmoeten we in de duinen een kleine border collie die volgens zijn penning Claus heet. Hij wil wel met ons mee, dat lijkt me leuk en Doris ook, maar we lopen

31. Het boek doet denken aan de video-installatie *Progress vs Sunsets: Reformulating the Nature Documentary* van Melanie Bonajo. Daarin geven kinderen commentaar op Youtubefilmpjes over de natuur en dieren, en stichten ze een nieuwe samenleving. Ecofeminist Bonajo zoekt in haar werk steeds naar andere verhalen over onze leefwereld, voorbij patriarchaat en kapitalisme. Nieuwe mensen en andere dieren lijken bij uitstek geschikt om die te helpen ontwikkelen.
32. Over de vorige voetnoot: mensen denken vaak dat het verschil tussen het patriarchaat en matriarchaat is dat in het ene systeem mannen de baas zijn en in het andere vrouwen, terwijl het in feite over een andere ontologie gaat (antropoloog Arturo Escobar legt dit goed uit in *Pluriversal Politics*). Patriarchale samenlevingen zijn gebaseerd op autonomie en hiërarchie, matriarchale gaan uit van begrijpen dat we allemaal in verbinding staan met anderen, daar noodzakelijk op leunen, en dus altijd deel uitmaken van een groter systeem.

langs een huisje waar hij gemist wordt. In *Zoopolis* schrijven Sue Donaldson en Will Kymlicka dat we dieren serieus moeten nemen als politieke actoren. Ze stellen voor om gedomesticeerde dieren als medeburgers te zien. Een belangrijke voorwaarde om in vrijheid te kunnen samenleven is dat die dieren ook de kans krijgen om de regels van het spel te bepalen. Dat houdt in dat ze niet alleen mogen meedraaien in een democratie die al vastligt, maar ook serieus genomen worden bij vaststellen van de principes op basis waarvan we samenleven. Naast een recht op bewegingsvrijheid zou dat bijvoorbeeld inhouden dat ze ervoor zouden moeten kunnen kiezen om ergens anders te gaan wonen dan het gezin waarin ze opgroeien. In *Zoopolis* zouden Doris en Claus dus best samen een nacht de hort op kunnen.

Sue schreef me trouwens omdat ze zich zorgen om me maakte. Ik had haar verteld dat ik slecht slaap vanwege Olli, mijn oude Roemeense straathond, die last heeft van nachtangst. Olli kwam zeven jaar geleden naar Nederland. De eerste jaren was hij doodsbang voor onweer en vuurwerk. Bij knallen begon hij te bibberen en was hij niet meer aanspreekbaar, de dierenarts noemde dat PTSS en dat lijkt me niet overdreven. Gelukkig werd hij de laatste jaren steeds dover waardoor hij harde geluiden niet meer opmerkt. Maar daar is sinds een tijdje nachtangst voor in de plaats gekomen. Hij wordt wakker, denkt dat er wat engs is, weet misschien niet meer precies waar hij is – doofheid en slecht zicht maken de randen van de wereld waziger – en begint door het huis te spoken en aan de voordeur te krabben. Als hij eenmaal uit zijn mand is, moet ik hem geruststellen, anders loopt de paniek op. En hij is oud maar ook nog sterk. Eerst had hij het alleen op vakantie, de laatste tijd heeft hij het ook thuis. Hij krijgt pilletjes en draagt een rustgevende halsband, we hebben het redelijk onder controle, maar er waren een paar weken waarin ik op de bank sliep, wakker werd als hij wakker werd, hem geruststelde.[33]

Ik kan niet goed tegen weinig slaap. En ik had het hem gegund dat hij na de stress van zwerven, Roemeense asielen, beschietingen en gevangengenomen worden door de hondenvangers niet meer bang zou hoeven zijn. Maar ik ben ook blij, dankbaar zelfs, dat ik bij zijn mand kan zitten, hem kan aaien tot hij een diepe zucht slaakt. Dat hij er is, dat ik er ben. Zorg wordt vaak als iets zachts voorgesteld, schattig en fluffy. Maar het is werk, net als liefde, net als hoop.[34]

Over de eerste tijd met Olli schreef ik een academisch artikel. Ik beschreef wat ik van hem leerde en hij van mij, hoe we door misverstanden elkaar leerden begrijpen. Zijn aandeel in de tekst is van wezenlijk belang: ik wilde niet over hem denken maar met hem denken. Het gezamenlijke leven serieus nemen betekent ook zelf bereid zijn te veranderen.

Eerder schreef ik aan de hand van het werk van Vinciane Despret dat de dierwetenschap stereotype en roestige ideeën over dieren verder bevestigde. Kennis en macht zijn hecht met elkaar verweven. Maar ethologie – onderzoek naar de innerlijke levens van dieren – kan ook een manier zijn om de sociale grenzen te overstijgen.

Filosoof Matthew Calarco schreef hier een hoopvol artikel over naar aanleiding van het werk van Joe Hutto. Hutto was

33. Olli logeert deze week bij mijn ouders omdat hij in het vakantiehuis helemaal niet zou kunnen slapen. Hij is er gewend en ze vinden hem aardig. 'Ik denk veel aan Olli,' zei mijn vader laatst.

34. Ook al gaat het soms vanzelf, wordt het je soms gegeven.

een jager die herten ging bestuderen. De herten adopteerden hem op een gegeven moment, hij mocht mee op uitjes en ze wasten hem. Dat veranderde zijn onderzoek en zijn kijk op het leven. Hij ontdekte dat de grenzen van de sociale gemeenschap flexibel zijn en dat niet-menselijke dieren die kunnen veranderen, bijvoorbeeld door over hun angst voor een bepaald mens heen te komen. Voor het jagen begint hij zich te schamen als hij ziet hoe het de hertengemeenschap verwoest – niet alleen de herten veranderen, hijzelf ook. Ook ziet hij van binnenuit hoe het leefgebied van de herten aangetast wordt, hoe desastreus menselijk handelen echt is.

Hutto verlaat de hertengemeenschap uiteindelijk omdat hij die verwoesting niet langer kan aanzien. Waarom noem ik dit toch hoopvol? Omdat het laat zien dat we kunnen veranderen, met de andere dieren samen.

4. CONTRAGEWICHT

Bewolking, nevel. Het donker blijft langer tussen de bomen hangen dan de afgelopen dagen. We lopen zonder dat we dat van plan zijn naar de vuurtoren, Vuurduin. Ik volg Doris, die goede paden kiest. Op een eiland is bijna alles symbolisch. Bij de vuurtoren hoort uitzicht, over de vallei, richting het dorp, zee aan twee kanten. En mensen – in het kronkelbos en de duinen lijkt het of we de enigen hier zijn, soortgenoten tegenkomen doorbreekt iets.

De melancholie lijkt ook ingetreden. Maar misschien is dit gewoon een dag die me buitensluit. In het kronkelbos zingen merels.

Thuis gaat Doris weer op het bed liggen, een veilige plek, gelukkig verhaart ze nauwelijks. Voor het raam beweegt de grote den in de wind, het lijkt op muziek.

Ik heb een bericht van Miek. De eerste dag op het eiland schreef ik haar een email met als onderwerp 'van het ene eiland naar het andere'. Miek woont op Mull, waar ze samen met Rutger Emmelkamp een natuurgebied beheert, Knockvologan. Met andere kunstenaars en wetenschappers die op residentie komen denken ze na over hoe je op een andere manier met land, zee, steen, dieren en planten in gesprek kan.

Hun werk doet me denken aan de ideeën van antropoloog Arturo Escobar. Hij pleit voor een pluriversum. Daarmee bedoelt hij een wereldbeeld dat rekening houdt met het feit dat er verschillende wereldbeelden zijn. Het dominante westerse wereldbeeld bakent scherp af waar de mens begint en de rest van de wereld eindigt en ziet, zoals ik hierboven al schreef, de instrumentele rede als zaligmakend. Escobar denkt dat het wereldbeeld dat onze problemen veroorzaakt heeft deze niet kan oplossen. Hij stelt een soort voeldenken voor – *sentipensar* – en wijst erop dat er andere culturen zijn, met andere kennissystemen, waarin de mens niet de hoofdrol speelt.[35] Die bieden een ander vertrekpunt.

Zo zijn er ook dierenwerelden en plantenwerelden, soms verbonden met menselijke. Ook daar zijn ideeën over samenleven en andere vormen van kennis te vinden. Om erachter te komen wat die zijn, moeten we beter leren luisteren. Niet alleen met onze oren.

Pauline Oliveros, accordeonist en componist van experimentele muziek, noemt dit *deep listening*, oftewel diep luisteren. In de jaren zestig begon Oliveros in reactie op een aantal politieke gebeurtenissen – de moord op Kennedy, de Vietnamoorlog, studentenprotesten – te onderzoeken hoe muziek een helende rol kan spelen, voor individuen en in de samenleving. Ze werkte aan haar 'Sonic meditations', een soort meditatiecomposities, en speelde een jaar lang maar een toon op de accordeon, de a. Ze ontdekte dat echt luisteren meer is dan

35. Escobar schrijft vooral over Zuid-Amerikaanse inheemse gemeenschappen en de bevrijdingsbewegingen die daaruit voortkomen. Maar er zijn op allerlei plekken ter wereld andere tradities te vinden, ook in onze eigen geschiedenis.

alleen een muzikale kwestie. Het is net als beter leren kijken een constante bezigheid in het dagelijks leven, een houding naar de wereld. Luisteren is niet passief, het is noodzakelijk om erachter te komen hoe dingen in elkaar steken en wat jij daarvan vindt. Ook het ontwikkelen van politieke oordelen begint met luisteren en niet met praten. Als je beter leert luisteren blijkt er veel meer te horen te zijn dan je dacht.

Bij haar mail voegt Miek een aantal foto's. Ze zijn genomen op Vlieland, er staan hekken op met stenen eraan, contragewicht van Mullse graniet. Een kunstenaar die op Mull was voor een residentie ontdekte ze afgelopen zomer. Toevallig had ik ze al gezien toen Doris en ik op onze eerste hardloopronde de verkeerde afslag hadden genomen.

UTOPISCHE EISEN

Eilanden kunnen dus op een onverwachte manier met elkaar verbonden zijn, we moeten beter luisteren en kijken, maar daarmee zijn we er nog niet. Dat individuen een andere houding ontwikkelen is nodig en terecht, maar kan de ecologische ramp die op ons afstevent niet afremmen. Daar is systeemverandering voor nodig.[36]

Echte politieke omwenteling lijkt ver weg, zelfs utopisch. We leven in een door en door bureaucratische samenleving,

36. Het is in Nederland momenteel nogal in om te betogen dat er politiek of structureel wat moet veranderen in plaats van dat mensen hun gedrag moeten veranderen. Maar dat is een valse tegenstelling, want die zaken zijn met elkaar verweven. Democratische verandering hangt samen met culturele, individuen kunnen aan kennissystemen en ideologie tornen. Daarnaast is er ook nog zoiets als ethiek, nadenken over het goede leven voor jou. Ook daar moeten we met elkaar over praten.

met weinig plek voor het vreemde en het nieuwe, voor dromen en schoonheid. Economische belangen spelen de hoofdrol in beleid en politieke discussies, en het lijkt haast onmogelijk dat dat zal veranderen.

Een beroep doen op hoop lijkt hierin frivool, of een doekje voor het bloeden: machthebbers zeggen soms zelfs dat we hoop nodig hebben om hun eigen laksheid te maskeren. Ik wil niet dat jullie hoopvol zijn, zei de Zweedse klimaatactivist Greta Thunberg daarom in 2019 tegen een groep hoge piefen tijdens het World Economic Forum in Davos. Ik wil dat jullie actie ondernemen. Ons huis staat in brand: doe wat! Thunberg heeft natuurlijk gelijk – aan hoop zonder daden hebben we niks. Maar het omgekeerde is ook waar.

Ernst Bloch schrijft dat we moeten leren hopen. Volgens Bloch zijn mensen toekomstgerichte wezens, die altijd bezig zijn met hoe het beter kan. Ze worden gedreven door dromen over een beter leven en een utopisch verlangen naar vervulling. In zijn belangrijkste werk, *Das Prinzip Hoffnung* uit 1954, brengt hij menselijke utopieën in kaart, in onder andere de kunst, filosofie, politieke bewegingen, sprookjes en literatuur.

Volgens Bloch zijn we als mensen onaf. Daarom ervaren we een gemis, maar het betekent ook dat we nieuwe dingen mogelijk kunnen maken. Ons onderbewustzijn is in dit proces een creatieve bron, waarmee we een betere toekomst kunnen fantaseren. Door nieuwe werelden te dromen en kritisch naar eerdere mislukte utopieën te kijken, kunnen we ons handelen richting geven. Dat sluit aan bij het feit dat de wereld om ons heen onaf is en beter kan. Om naar die betere wereld toe te kunnen werken hebben we hoop nodig – een idee over hoe het anders kan en het gevoel dat het anders kan. Hoop is volgens Bloch dus geen toevallige psychologische toestand, maar een praktijk, iets wat we kunnen leren en wat iets nieuws mogelijk kan maken.

Mensen hebben natuurlijk niet allemaal dezelfde dromen. De een droomt van een eind aan kapitalisme, de ander van een nieuwe auto. Voor Bloch is hopen noodzakelijk verbonden met ideologiekritiek. In moderne samenlevingen, schrijft hij, worden objecten, mensen, en andere dieren gezien als goederen. Zelfs relaties tussen mensen worden afgemeten aan hun economische waarde. Misschien kun je hier op kleine schaal aan ontsnappen, maar consumentisme dringt ook individuele verstandhoudingen binnen (denk in onze tijd bijvoorbeeld aan datingsites). Dat leidt tot vervreemding. Sinds Blochs analyse is die alleen maar groter geworden en bovendien is de afstand tussen mensen en de rest van de natuurlijke wereld toegenomen.

Om deze vervreemding het hoofd te bieden en aan een betere wereld te werken is het niet genoeg om als individu je leefwijze te veranderen. De problemen waar we mee te maken hebben hangen samen met de grotere politieke, sociale, en economische structuren in onze samenlevingen. We moeten daarom collectief leren hopen.[37]

Sociale bewegingen, zoals de antiracismebeweging of de dierenrechtenbeweging, kunnen hier een rol in spelen omdat

37. Er zijn collega's die denken dat wanhoop een betere motivatie is voor politieke verandering, maar serieus leren hopen gaat niet alleen om mensen aanzetten tot handelen of gedragsverandering, ook over de inhoud daarvan. Bloch laat zien dat die aspecten met elkaar verweven zijn.

ze laten zien hoe het anders kan en waarom het anders moet. Soms kan de gevestigde politiek dat ook. In Nederland is de Partij voor de Dieren daar een goed voorbeeld van. Volgens deze partij is een andere wereld mogelijk en de moeite waard om voor te strijden. Zij zeggen dat economische groei geen doel op zich moet zijn en dat we in plaats daarvan een politiek nodig hebben die de mens niet centraal stelt, maar de planeet en al haar bewoners. We hebben geen planeet B, en zelfs voor het voortbestaan van de mens moeten we anders leren omgaan met de natuurlijke wereld.

De boodschap van de Partij voor de Dieren lijkt misschien onrealistisch, maar de marxistische denker Kathi Weeks denkt dat utopieën dat niet per se zijn. Zij noemt eisen als die van de Partij voor de Dieren utopische eisen. Dat zijn eisen die mensen hun wenkbrauwen laten optrekken, die ze weglachen of vreemd vinden. Maar als dit soort eisen vaak genoeg herhaald en uitgelegd worden, raken ze ingebed in politieke en maatschappelijke discussies en kunnen ze langzaam acceptabel worden voor een meerderheid.

ZOVEEL SOORTEN WIJ

Het belang van anders leren omgaan met de aarde zal in de komende tijd bovendien steeds duidelijker worden. De ecologische crisis zal het leven zoals we het kennen meer en meer beïnvloeden. En dat laat weer zien hoe we als mensen met de natuurlijke wereld verbonden zijn.

Wat ik bedoel is goed te zien aan de coronapandemie die in 2020 begon. COVID-19 is net als de meeste andere grote virusuitbraken van de laatste decennia, van SARS tot gekkekoeienziekte, een zoönose, een ziekte die van dieren is overgegaan op mensen. Het vakgebied *disease ecology* onderzoekt hoe dit precies werkt. We weten nog veel niet, maar duidelijk is dat grootschalig ingrijpen in de habitat van wilde dieren (zoals boskap voor de industrie) en het verhandelen en eten van wilde dieren hier een grote rol in speelt. Net als de intensieve veehouderij, die het virussen makkelijk maakt zich te verspreiden over grote groepen dieren. Deze praktijken zijn ethisch niet in de haak, het land is net zo goed van de dieren en dieren in gevangenschap houden is ook niet te verantwoorden. Maar dit soort uitbraken toont ons ook dat onze gezondheid niet los te zien is van die van degenen met wie we de wereld delen. Als we ons gedrag niet veranderen, zullen er hoogstwaarschijnlijk meer pandemieën volgen.

Ik schrijf 'onze gezondheid' maar dat is niet precies genoeg. De coronacrisis treft namelijk niet iedereen op dezelfde manier en versterkt sociale ongelijkheid.[xiii] Hetzelfde geldt voor de klimaatcrisis, die is ook met allerlei andere sociale en politieke vraagstukken verbonden. Weersveranderingen en landschapsveranderingen treffen kwetsbare gemeenschappen wereldwijd bijvoorbeeld harder dan de rijken,[xiv] de vee-industrie in het westen leidt tot boskap en habitatverlies van dieren en inheemse gemeenschappen in de Amazone,[xv] luchtvervuiling treft armen het hardst.[xvi] In het denken over oplossingen voor onze klimaatcrisis moeten deze kwesties ook meegewogen worden, anders demp je het ene gat met het andere. Dit is niet alleen een praktisch probleem. Het vraagt er ook om dat we anders gaan denken over 'wij'.

De slogan van de dierenbevrijdingsbeweging is 'niemand is vrij tot we allemaal vrij zijn'. Het is mijn lievelingsslogan en ik denk ook dat het waar is. Toch staat het haaks op wat veel mensen denken, namelijk dat de vrijheid van de een ten koste gaat van de vrijheid van de ander.

Maar vrijheid is geen bezit. Het is een verhouding. Gestrand op een onbewoond eiland ben je niet vrij (of het moet je droom zijn). Vrijheid is ook niet hetzelfde als onafhankelijkheid. We zijn allemaal kwetsbaar – als baby, als lichaam, als liefhebbend wezen, als sterfelijk wezen. En daarin zijn we verbonden met anderen, menselijk en niet-menselijk, die soms voor ons zorgen, ons soms dwarszitten of belemmeren (meer vrijheid is niet het tegenovergestelde van meer zorg). In die verbindingen kunnen we elkaar meer vrij maken, of minder. Dit geldt niet alleen tussen individuen, ook op het niveau van de gemeenschap. Bepaalde groepen zijn toevallig of zelfs per definitie kwetsbaarder dan andere, maar niemand is almachtig (zoals corona ons goed liet zien). En de grenzen staan niet vast, die kunnen steeds weer anders komen te liggen. Door politieke keuzes kunnen we elkaar meer of minder vrij maken.

Naast dat we kwetsbare figuren zijn, zijn we ook wezens die samen met anderen leefwerelden vormen. In het klein, zoals in onze huizen waar ook muizen of honden kunnen wonen. En in het groot, in steden en landen en ecosystemen. We worden nu vooral geconfronteerd met hoe menselijk handelen leefwerelden vernielt – van anderen en uiteindelijk van de mensen zelf, want die hebben ook zuurstof nodig en groen en stilte. Maar het kan anders. Er kunnen andere samenhangen ontstaan, andere vormen van wij, die zich richten op heelheid in plaats van hebben. Die nieuwe wij vind je al terug op bepaalde plekken: in *animal sanctuaries*, waar afgedankte en ontsnapte dieren worden opgevangen, in kunst, verhalen en nieuwe manieren om wetenschappelijk onderzoek te doen, voorbij de mens.

5. HORIZON

– bij wijze van conclusie

Regen, wolkenflarden, windkracht zeven. Doris gromt tegen de wind die deuren en ramen beweegt. Het is kouder dan de afgelopen dagen. Bij de kachel zit een uitgebreide gebruiksaanwijzing, ik rommel wat aan de knoppen maar hij reageert niet en ik besluit hem maar uit te laten. Soms maak ik dingen kapot. Morgen vertrekken we met de eerste boot weer naar het vasteland. Het zal waarschijnlijk te donker zijn om zeepokken te kunnen ontwaren. Daarna rijden we naar mijn ouders om Olli op te halen.

’s Ochtends luister ik hier naar muziek, ’s avonds lees ik. Door de wind glijden de wolken nu sneller over, als in een film – de snelheid, de kleur, de afstand tot de boomtoppen.

Ik heb nog niet echt over mijn verleden geschreven. Een week is natuurlijk te kort, net als dit essay. En ik kan nooit helemaal bepalen waar ik over schrijf.

Een paar dagen geleden wilde ik tijdens het hardlopen een foto maken van een den die op de goede manier voor een duin stond, maar toen Doris en ik de boom naderden veranderde de compositie waardoor wat ik zag tegelijk dichterbij en verder af raakte van het beeld in mijn hoofd. Zoiets gebeurt met het schrijven ook – onderweg verandert wat je wil zeggen van vorm en daar heb je nooit volledig grip op.

Gisteren waren de toppen van de bomen voor het huis geel in het late licht.

SPECHT, FAZANT, WAT DOE IK HIER EIGENLIJK

De vorige keer dat ik op Vlieland was leefde Pika nog. Ze was zelfs nog jong, het grootste deel van haar leven zou nog komen. Ik wist nog niet hoe belangrijk ze voor me zou worden.[38] Pika is degene die mij tussen mijn twintigste en dertigste vastigheid bood. Ik droeg mijn proefschrift aan haar op en aan Putih, de kat die net zo dicht bij me was. Dat lijkt een flauwe geste, aangezien dat proefschrift over dieren ging, en natuurlijk was het ook om wat ze me over meersoortige communicatie en samenleven leerden. Maar eigenlijk ging het er vooral om dat ze bij me waren in een tijd waarin ik leerde te leven als mezelf.

Pika ging heel plotseling dood aan een alvleesklierontsteking. Ze was maar een dag ziek (ik heb het maar een dag gezien, misschien begon het al eerder). We zaten de hele dag bij de dierenarts in de kelder, gelukkig mochten we bij haar blijven, 's middags om halfvier kwam de specialist met een kastje een echo maken en toen wisten we pas wat er was. Maar ze was al niet meer aanspreekbaar. De kliniek sloot om zeven uur, we tilden haar naar de auto om naar het dierenziekenhuis te rijden, met het infuus aan haar vast. Ze stierf toen we haar net in de kofferbak gelegd hadden.

Toen zij dood was wilde ik ook dood. Niet omdat ik dood wilde en ook niet omdat ik dacht dat ik dan dichterbij haar

38. 'He is only a dog. Yes, but he found me out,' schrijft Jeanette Winterson in *24 Hour Dog*.

zou zijn. Maar omdat ze nooit meer terug zou komen en vanuit een gevoel van solidariteit.

Voor ik naar Vlieland vertrok herlas ik mijn dagboekaantekeningen uit die dagen. Ik droom de eerste nachten na haar dood steeds over Pika, dat ze er is en weer verdwijnt, of verdwenen is en terugkomt (waardoor ik 's ochtends als eerste de hoop moet verliezen). En ik ben de hele tijd de weg kwijt, bijvoorbeeld als ik op de fiets haar as ga ophalen bij het dierencrematorium in Kadoelen. Ook voel ik me schuldig. Olli was er net en vroeg veel aandacht, misschien heb ik niet goed genoeg op Pika gelet, ik was zelfs nog boos op haar, de dag voor ze doodging omdat ze lang blafte, en het hele lange leven dat we samen gehad hadden, waarin zoveel goed was en vanzelfsprekend werd ineens overschaduwd door die laatste dagen.

Het schuldgevoel is gesleten maar als ik erover schrijf voel ik het weer. Misschien is tekortschieten altijd deel van het houden van, omdat je de ander nooit helemaal kunt behoeden.

Wie met dieren leeft maakt meer dood en verlies mee. Ik schreef ooit een roman over Len Howard, een vrouw die op een serieuze manier met vogels leefde – om ze te onderzoeken en omdat zij zich op die manier in het leven thuis kon voelen. Howard had de hele tijd te maken met de dood. De zangvogels die bij haar in de buurt woonden werden vaak niet ouder dan vijf. Daardoor is de dood van een koolmees niet minder erg. Maar er begint zich op een gegeven moment iets wezenlijks af te tekenen, iets wat verder gaat dan het cliché dat de dood erbij hoort. Als je sterft ga je op in wat er was voordat jij er was. En dat is alles wat er is.[39]

39. En Pika zit ook weer in deze tekst.

Wie zich druk maakt om de wereld en de toekomst, wordt ook meer met de dood geconfronteerd. Sue schrijft dat haar malaise ermee te maken heeft dat het zo snel gaat, het uitsterven, veel sneller dan eerder, er is tussendoor helemaal geen tijd om je standpunt te herzien of te wennen aan de nieuwe situatie. Uiteindelijk probeer ik in deze tekst natuurlijk niet het verleden of heden op zijn staart te trappen, maar de toekomst. Of tenminste om de vaart van alles even te verlangzamen zodat we erover kunnen nadenken.[40] De toekomst is in het verleden ingebed, zelfs als we niet in wortels en bomen denken en verschillende invalshoeken onderzoeken. Het verleden opnieuw begrijpen is verkleefd met de toekomst opnieuw begrijpen, en andersom – we weten in het heden nooit alles, moeten het doen met de horizon die we hebben. Toch moeten we nu anders gaan handelen, terwijl het verhaal nog niet af is, want het is al te laat. En we kunnen nooit alles vatten, net als dat we niet alles in woorden kunnen vatten. Maar ook al is taal gebrekkig: zij verbindt ons, lezer, op dit moment.

Rouw om de planeet is in, er wordt veel over geschreven door academici en schrijvers. Ik gun iedereen het treuren over wat weg is en voorbijgaat, maar deze rouw kan in de weg komen te staan van actie. Het kan leiden tot een soort onverschilligheid – waar je van hield is toch al weg – of zelfs acceptatie, alsof het een verandering in een serie veranderingen is die misschien zelfs natuurlijk is. En het is nou juist de bedoeling dat we dit niet accepteren.

Of we de natuurlijke wereld kunnen behouden weet niemand. Ik ben er niet erg optimistisch over – veel dierenwerel-

40. IT IS HEROIC TO TRY TO STOP TIME, schrijft Jenny Holzer.

den zijn al vergaan, van sommige weten we het niet eens. Maar we moeten het proberen. 'Only the impossible is worth the effort,' schrijft Jeanette Winterson. Alleen het onmogelijke is de moeite waard. Ergens anders schrijft ze dat wat je riskeert laat zien wat je belangrijk vindt.[41] Die dingen hebben met elkaar te maken. Er zijn dingen zo belangrijk dat je ze na moet streven, of ze nu haalbaar zijn of niet. Er zijn dingen zo belangrijk dat je er bijna alles of alles voor riskeert. Vaak kiezen die dingen jou trouwens uit.

Ik weet niet of alleen het onmogelijke de moeite waard is. Veel mogelijke dingen zijn net zo goed belangrijk en wij kennen de grens tussen mogelijk en onmogelijk niet altijd. Maar we moeten ons hart storten in wat er nog niet is, in wat onmogelijk lijkt, en leren hopen op een betere toekomst. Anders kunnen we wel inpakken.

En soms houdt de wereld jou dan vast. Als de spreeuwen weer zwermen, als het echt herfst wordt, en winter, als het weer lente wordt. Voor zolang het duurt.

41. 'What you risk reveals what you value.' Dat is trouwens een citaat van Vicki Hearne, over wie ik eerder schreef.

DANKWOORD

Dank aan de mensen van de Maand van de Filosofie voor deze opdracht en aan Lemniscaat voor de begeleiding, vooral Marli en Jochem. Dank aan Martin en Eva voor de ondersteuning vanuit Uitgeverij Cossee. Veel dank aan Marscha voor het meelezen. Dank aan Chris de Jong van Uitgeverij Koppernik voor het gulle en snelle delen van Ponges Zakboekje.

Vooral dank ik mijn vrienden, die tijdens het schrijven een voor een deze tekst in kwamen waardoor het essay niet alleen een verhaal werd over wat vergaat maar ook over verbinding. Dank, Doris, Bibi, Olli, Ellen, Charlotte, Elisa, Sue, Melanie, Miek, en degenen die niet met naam genoemd worden maar ook deel uitmaken van dit verhaal.

VERANTWOORDING

Eerder verschenen een paar stukjes uit deze tekst (in een andere vorm) in columns in *Trouw*. De passage over leren te hopen en Bloch verscheen (ook in een andere vorm) eerder in een essay over dromen en hopen dat ik voor de bundel *Recipes for the Future* schreef.

NOTEN

[i] Het rapport is online te lezen via deze link: https://qsr.waddensea-worldheritage.org.

[ii] In een artikel op de website van de BBC kun je meer over het onderzoek in voetnoot 4 lezen: https://www.bbc.com/future/article/20180419-the-words-that-change-the-colours-we-see.

[iii] Lees als je hier meer over wil weten bijvoorbeeld *Zoopolis* (2011) van Sue Donaldson en Will Kymlicka of mijn boek *When animals speak* (2019).

[iv] Historicus Yuval Noah Harari schrijft in zijn boek *Sapiens, een kleine geschiedenis van de mensheid* (2011) bijvoorbeeld dat graan, rijst en aardappels mensen aan een grondgebied en een bepaalde leefstijl bonden.

[v] Lees over de verhouding tussen zwartheid en dierlijkheid bijvoorbeeld *Aphro-Ism* (2017) van Aph en Syl Ko, over validisme en dieren *Beasts of Burden* (2017) van Sunaura Taylor, over feminisme en het eten van niet-menselijke dieren *The sexual politics of meat* (1990) van Carol Adams, en over ecofeminisme de bundel *Ecofeminism* (2014) samengesteld door Carol Adams en Lori Gruen.

[vi] In dit korte essay kan ik dit niet uitgebreid beargumenteren of veel referenties geven. In *When Animals Speak* doe ik dat wel.

[vii] Zie bijvoorbeeld het overzichtsartikel 'Animal Cultures Matter for Conversation' van Philippa Brakes et al. uit *Science* (2019).

[viii] Olifantenonderzoeker Gay Bradshaw heeft hier veel over geschreven, onder andere 'Elephant breakdown' in *Nature* (2005) en 'Not by bread alone: Symbolic loss, trauma, and recovery in elephant communities' in *Society & Animals* (2004).

[ix] Kristin Andrews doet onderzoek naar normativiteit bij niet-menselijke dieren – ze onderzoekt gevoel voor rechtvaardigheid maar bijvoorbeeld ook jaloezie en pesten. Lees voor voorbeelden het hoofdstuk 'Normative Practices of Other Animals' van Sarah Vincent, Rebecca Ring, en Kristin Andrews in *The Routledge Handbook of Moral Epistemology* (2018).

[x] Zie 'Stray Philosophy II: Dog/Human Reflections on Education, Boundaries, Care, and Forming Interspecies Communities' in het *Journal for Critical Animal Studies* (2020) voor een uitgebreidere beschrijving van onze belevenissen op de hondenschool.

[xi] Lees bijvoorbeeld Arturo Escobars *Pluriversal Politics* (2020), waar ik later nog op terugkom, of Leanne Simpsons *As We Have Always Done* (2017).

[xii] Anna Lowenhaupt Tsing onderzoekt in *The Mushroom at the End of the World: On the Possibility of Life in Capitalist Ruins* (2015) samen met matsutake (paddenstoelen) en hun zoekers mogelijkheden om te overleven in en voorbij het kapitalisme.

[xiii] Lees voor een overzicht bijvoorbeeld het volgende rapport van de Verenigde Naties uit 2020. *UN Secretary-General's Policy Brief: The Impact of COVID-19 on Women*, dat staat online: https://www.unwomen.org/en/digital-library/publications/2020/04/policy-brief-the-impact-of-covid-19-on-women of dit rapport uit hetzelfde jaar over arbeiders wereldwijd: *ILO Monitor: COVID-19 and the World of Work.* https://www.ilo.org/wcmsp5/groups/public/---dgreports/---dcomm/documents/briefingnote/wcms_743146.pdf.

[xiv] Ook hier schreef de VN over: https://www.un.org/esa/desa/papers/2017/wp152_2017.pdf.

[xv] In dit artikel in The Guardian wordt uitgelegd hoe dit werkt: https://www.theguardian.com/environment/2018/oct/26/soy-destruction-deforestation-in-argentina-leads-straight-to-our-dinner-plates.

[xvi] Zie bijvoorbeeld: https://www.unenvironment.org/news-and-stories/story/air-pollution-hurts-poorest-most.